Die Magie der ASTROLOGIE

Titel der Originalausgabe: *The Witch of the Forest's Guide to Astrology Magick*

Redaktion: Chloe Murphy
Cover & Innenillustrationen: Viki Lester von Forensics & Flowers
Design: Georgie Hewitt

Übersetzung aus dem Englischen:
Nina Kavelar, Köln
Redaktion und Satz der deutschen Ausgabe:
Print Company Verlagsges.m.b.H., Wien

Printed in China

ISBN: 978-94-6359-712-8

Die Magie der ASTROLOGIE

Handbuch
für die moderne Hexe

LINDSAY SQUIRE

ILLUSTRIERT VON VIKI LESTER

Librero

MEIN WERDEGANG

Ich bin seit 14 Jahren eine praktizierende Hexe. Seit sechs Jahren spielt auch die Astrologie eine große Rolle in meinem Leben. Kaum dass ich anfing, tiefer in das Thema einzutauchen, war meine Faszination geweckt.

Eine professionelle Astrologin erstellte mir ein Geburtshoroskop, das mir die Augen öffnete. Auf einmal verstand ich, warum ich so war, wie ich war. Fast kam es mir wie der Schlüssel zu meinem persönlichen Wachstum vor – denn das Wissen, das ich dadurch erlangte, förderte meine Entwicklung in vielen Lebensbereichen.

Für jeden Menschen gibt es ein Geburtshoroskop. Es ist eine grafische Darstellung der Sternbilder, Planeten und anderen Gestirne, die zeigt, wo diese zum genauen Zeitpunkt Ihrer Geburt am Himmel standen. Die Deutung ihrer Positionen kann Ihnen dabei tiefe Einblicke in Ihre Persönlichkeit geben.

Es gibt verschiedene Richtungen der Astrologie – eine davon ist die beliebte karmische Astrologie, die von einem ewigen Kreislauf der Geburt und Wiedergeburt aller Wesen ausgeht. Im Laufe verschiedener Leben sammeln wir Ballast und negative Verhaltensweisen an. Die karmische Astrologie ergründet, wie sich diese Lasten auf unsere gegenwärtige Inkarnation auswirken. Eine weitere Richtung ist die evolutionäre Astrologie, die sich auf die Entwicklung der Seele in ihren Vorleben konzentriert. Die Geburtsastrologie beschäftigt sich mit der Deutung des persönlichen Horoskops. Davon haben Sie bestimmt schon gehört.

Dieses Buch möchte Ihnen die Grundlagen der westlichen Astrologie vermitteln. Es eignet sich besonders für Einsteiger und Interessierte, die schon ein paar Jahre Erfahrung besitzen. Auch wenn Sie keine praktizierende Hexe sind, kann es Ihnen helfen, sich selbst und andere Menschen besser zu verstehen. Allen Hexen zeigt das Buch, wie man die Astrologie in die alltägliche Praxis integrieren kann. Ich fühle mich geehrt, Sie auf diese Reise in die Astrologie führen zu dürfen, so wie Sie mich auch auf meinem Weg begleiten.

Lindsay

WAS SIE WISSEN MÜSSEN,
bevor Sie dieses Buch in die Welt der Astrologie führt

Die Astrologie wirkt anfangs kompliziert. Lassen Sie sich davon nicht abschrecken.

Die vielen Spezialausdrücke der Astrologie erscheinen fast wie eine eigene Sprache, aber das soll Sie nicht entmutigen. Jeder kann diese Sprache lernen. In diesem Buch werden die Grundlagen der Astrologie auf verständliche Weise erklärt. Das Geburtshoroskop dient dabei als Beispiel, damit Sie lernen, wie man es deutet und wie Sie aus der Astrologie einen praktischen Nutzen für Ihren Alltag ziehen können.

Sie müssen nicht unbedingt Ihre genaue Geburtszeit kennen

Nicht jeder Mensch weiß auf die Minute genau, wann er geboren wurde. Auch wenn Sie den Zeitpunkt Ihrer Geburt nicht kennen, können Sie dennoch viel aus Ihrem Horoskop erfahren. Eine Möglichkeit wäre, ein Sonnenaufgangshoroskop zu erstellen. Dazu müssen Sie nur die Zeit des Sonnenaufgangs am Tag und am Ort Ihrer Geburt ermitteln und können dann aus diesen Daten im Internet ein Geburtshoroskop erstellen lassen. Der Sonnenaufgang steht für die „Geburt" eines neuen Tages – das betrifft auch den Tag, an dem wir auf die Welt gekommen sind. Das dazugehörige Horoskop ist nicht so präzise wie eines, das auf der genauen Geburtszeit basiert, aber es kann Ihnen trotzdem ein paar interessante Einblicke in Ihre Persönlichkeit liefern.

Astrologie als Mittel zur Selbsterkenntnis

Die Deutung der verschiedenen Elemente Ihres Geburtshoroskops gibt Aufschluss darüber, wer Sie wirklich sind, was Sie bewegt und warum Sie sich so verhalten, wie Sie es tun. Das Horoskop hilft Ihnen, Ihre Wesenszüge und Eigenheiten besser zu verstehen, um dem wahren Lebenszweck Ihrer Seele auf die Spur zu kommen. Es kann Sie auch in Ihrer persönlichen Entwicklung unterstützen und ein ungeahntes Wachstumspotenzial erschließen. Außerdem können Sie sich leichter so akzeptieren, wie Sie sind, wenn Sie die Hintergründe Ihres gegenwärtigen Lebens verstehen.

Astrologie als effektives Werkzeug für Selbstermächtigung und Selbstfürsorge

Es gibt unzählige Formen der Selbstfürsorge. Ihr Geburtshoroskop verrät Ihnen, welche für Sie am wirksamsten sind. Nehmen Sie sich die Zeit, sich mit den Elementen Ihres Horoskops zu beschäftigen, um sich besser kennenzulernen. Das allein ist schon ein Akt der Selbstfürsorge. Mithilfe der Astrologie können Sie Ihre Stärken und Talente ermitteln, was das Selbstvertrauen fördert. Auch Ihre Schwachpunkte können sich zeigen, aber auf eine konstruktive Weise, die zu Lösungen führt.

Man muss keine Hexe sein, um sich in Astrologie zu vertiefen

Schon seit frühester Zeit werden Hexenkunst und Astrologie äußerst wirkungsvoll miteinander kombiniert, aber nicht alle Hexen wenden sich der Astrologie zu. Umgekehrt sind nicht alle Astrologen und Astrologie-Interessierte praktizierende Hexen. Die beiden Disziplinen ergänzen sich gut, sind aber im Prinzip zwei eigenständige Praktiken. Selbstverständlich kann man auch nur eine von beiden ausüben und es bleibt ganz Ihnen überlassen, wie Sie sich entscheiden. Folgen Sie Ihrer Intuition und Ihrem persönlichen Interesse.

Wichtiger Hinweis: Dieses Buch erwähnt bekannte Kräuter, Pflanzen, Harze und Gewürze, die bestimmten Tierkreiszeichen, Planeten und Häusern zugeordnet werden. Halten Sie sich bei der Arbeit mit Pflanzen an folgende Regeln. Fast alle Rezepturen in diesem Buch sind nur für die äußerliche Anwendung bestimmt. Verzehren Sie keine der Zutaten, sofern nicht ausdrücklich erlaubt, und auch dann nur, wenn Sie sicher sind, dass Sie darauf keine allergische oder andere negative Reaktion haben werden. Konsumieren oder berühren Sie niemals eine Ihnen unbekannte Pflanze. Informieren Sie sich über alle Kräuter, Pflanzen und Gewürze, die Sie einnehmen oder auf die Haut auftragen. Holen Sie sich im Zweifelsfall ärztlichen Rat ein, bevor Sie mit Pflanzen arbeiten, vor allem, wenn Sie schwanger sind, unter Allergien leiden oder Gesundheitsfragen haben. Falls Sie sich unwohl fühlen oder unerwünschte Reaktionen auf eine Pflanze auftreten, gehen Sie sofort zum Arzt. Bedenken Sie auch, dass manche Pflanzen für Tiere gefährlich sein können.

MC
ASC
DSC
IC
1
2
3
4
5
6
7
8
9
10
11
12

DAS GEBURTS-HOROSKOP

Ein Geburtshoroskop ist ein Schnappschuss des Himmels, der im exakten Moment Ihrer Geburt und von Ihrer Perspektive auf der Erde aus aufgenommen wurde. Auf der gegenüberliegenden Seite sehen Sie die grafische Darstellung des Sternenhimmels zum Zeitpunkt meiner Geburt (2:45 Uhr), am 4. Mai 1984 an meinem Geburtsort im englischen Yorkshire.

In einem Geburtshoroskop wird dieser Zeitpunkt festgehalten. In der Mitte sind Sie, und in den Kreisen um Sie herum sind die Planeten und die Tierkreiszeichen angeordnet, und zwar so, wie sie zum Zeitpunkt Ihrer Geburt am Himmel standen. Jedes Zeichen und jeder Planet wirkt sich unterschiedlich auf Ihr Leben aus, je nachdem, wo es positioniert ist.

Im Internet gibt es viele Seiten, auf denen man ein kostenloses Geburtshoroskop erstellen kann, aber die Qualität fällt unterschiedlich aus. (Auf Seite 172 finden Sie einige Empfehlungen.) Sie müssen Ihr Geburtsdatum, Ihren Geburtsort und den Zeitpunkt Ihrer Geburt angeben, um das Diagramm zu erzeugen. Das genaueste Horoskop erhalten Sie, wenn Sie zwei oder drei unterschiedliche Programme verwenden und die Ergebnisse vergleichen.

Falls Sie Ihre Geburtszeit nicht kennen, können Sie auch ein Sonnenaufgangshoroskop verwenden. Ermitteln Sie, wann am Tag und Ort Ihrer Geburt die Sonne aufging, und setzen Sie diese Zeit statt der Geburtszeit in den Online-Horoskoprechner ein. Die Grafik, die dabei herauskommt, ist zwar weniger aussagekräftig als ein vollständiges Geburtsdiagramm, kann Ihnen aber dennoch einige interessante Einblicke in Ihre Persönlichkeit liefern.

Wenn Sie Ihr Horoskop erstellt haben, können Sie lernen, es zu deuten.

DIE WICHTIGSTEN MERKMALE *des Geburtshoroskops*

In unserem Sonnensystem steht die Sonne im Mittelpunkt und die Planeten bewegen sich auf ihren Bahnen um sie herum. Bei einem Geburtshoroskop bildet die Erde das Zentrum, um das die Himmelskörper angeordnet sind – von unserem Standort und aus unserer Perspektive aus gesehen. Aus diesem Grund taucht die Erde nie als Planet in einem Geburtshoroskop auf.

Im Beispielhoroskop auf der folgenden Seite sehen Sie die wichtigsten Merkmale. Es wirkt auf den ersten Blick kompliziert, besteht im Wesentlichen aber nur aus den folgenden Bereichen:

- Im Außenring befinden sich die Zeichen für Aszendent (aufsteigend), Deszendent, Himmelsmitte und Imum Coeli, auf die wir später noch zurückkommen.
- Im zweiten Ring der Grafik stehen die 12 Tierkreiszeichen (mehr dazu in Kapitel 2). Sie symbolisieren verschiedene Persönlichkeitstypen, die dem Geburtsdatum zugeordnet werden. Ihre Position im Horoskop hängt vom Aszendenten ab. Das Tierkreiszeichen für den Aszendenten finden Sie links auf der Grafik an der waagerechten Linie, die mit „AC" bezeichnet ist. Der Deszendent („DC") liegt rechts.
- Der dritte und der vierte Kreis sind in 12 Felder unterteilt, die astrologischen Häuser (mehr dazu in Kapitel 5). Zusammen symbolisieren sie die verschiedenen Sphären des menschlichen Lebens. In ihnen sind die Planeten angeordnet, je nachdem, wo sie zum Zeitpunkt Ihrer Geburt am Himmel standen. Die Linien zwischen den Häusern und zwischen den Zeichen werden als Spitzen bezeichnet.
- Die geometrischen Formen, die in den Häusern eingezeichnet sind, nennt man Aspekte. Sie werden in Grad angegeben und stellen die Winkelbeziehungen zwischen den Planeten dar. Welche das sind, hängt von der Position der Himmelskörper zum Zeitpunkt Ihrer Geburt ab (mehr dazu in Kapitel 6).

In diesem Buch werden wir uns jedes dieser Elemente genauer vornehmen, damit Sie ein astrologisches Grundwissen aufbauen können.

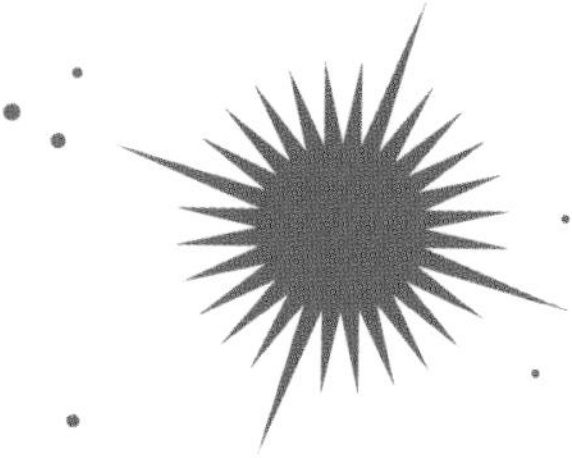

Ein Geburtshoroskop lesen

Dieses Horoskop gehört zu einer Person, deren Aszendent im Schützen steht. Die Tierkreiszeichen am Rand der Grafik sind also dementsprechend angeordnet. (Eine Liste der Tierkreissymbole finden Sie auf Seite 18.) Beachten Sie den Unterschied zu meinem Geburtshoroskop (auf Seite 10), bei dem sich der Aszendent im Wassermann befindet. In jedem Diagramm sind die Tierkreiszeichen anders angeordnet, sodass die Linie zwischen Aszendent und Deszendent immer waagerecht und durch die Mitte des Kreises verläuft. Im Horoskop hier sieht man, dass das Sonnenzeichen dieser Person der Wassermann ist, während der Mond im Widder steht.

Sonnenzeichen

Männliche Energie
Äußere Persönlichkeit
Äußeres Erscheinungsbild
Selbstausdruck
Wesenszüge
Identität
Bewusste Persönlichkeit
Wünsche und Bedürfnisse
Das Selbst
Stärken und Schwächen

Mondzeichen

Weibliche Energie
Innere Persönlichkeit
Entwicklung
Gefühle
Emotionale Reaktionen
Instinkte
Intuition
Die Vergangenheit
Das Unterbewusste

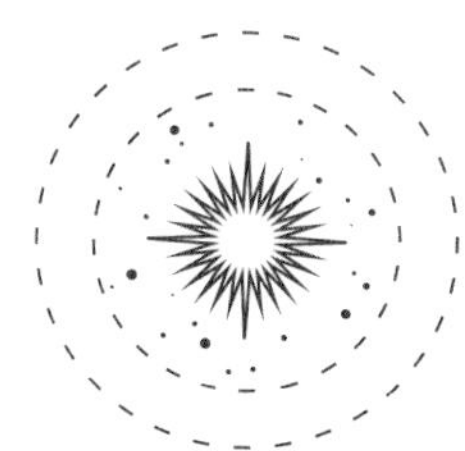

SONNEN- UND MONDZEICHEN

Das Sonnen- und das Mondzeichen sowie der Aszendent sind die drei Eckpfeiler des Geburtshoroskops. Sie stehen für unterschiedliche Facetten der Persönlichkeit. In Kombination symbolisieren sie Ihr inneres und äußeres Selbst und definieren, wer Sie sind.

Sonnenzeichen

Das Sonnenzeichen wird auch Sternzeichen oder Tierkreiszeichen genannt und symbolisiert unsere Persönlichkeit und unser Ich. Bei der Deutung des Geburtshoroskops dient es als Anfangspunkt, da es die Essenz der Persönlichkeit einfängt. Das Sonnenzeichen wird vom Geburtsdatum bestimmt, aber die einzelnen Phasen des Tierkreises können jedes Jahr um ein oder zwei Tage abweichen. Daher lohnt es sich, das Zeichen mit einem genauen Geburtshoroskop zu ermitteln.

Das Sonnenzeichen verkörpert die Energie, die Sie in die Welt bringen. Es ist die höchste Form des Selbstausdrucks und ist mit Ihren grundlegenden Charakterzügen verknüpft. Wie sich diese manifestieren, hängt davon ab, in welchem Zeichen die Sonne steht (siehe Kapitel 2). Das Sonnenzeichen prägt unsere Identität, unser Selbstwertgefühl und den bewussten Teil unserer Persönlichkeit. Es bestimmt, wie wir von anderen Menschen wahrgenommen werden. Beschäftigen Sie sich näher mit Ihrem Sonnenzeichen, um Ihre tiefsten Wünsche und Bedürfnisse zu offenbaren und sich Ihre Stärken und Schwächen bewusst zu machen. Ebenfalls wichtig sind die Polarität, die Modalität und das Element Ihres Sonnenzeichens, da ihre Energien beeinflussen, wie Sie sich von Natur aus geben (siehe Kapitel 3).

Mondzeichen

Das Mondzeichen ist genauso bedeutend, aber die meisten Menschen kennen ihres gar nicht. Während das Sonnenzeichen sich darauf bezieht, wie Sie sich nach außen hin ausdrücken, fordert Sie das Mondzeichen auf, sich nach innen zu wenden. Es steht für Ihre Gefühle und die emotionale Ebene Ihrer Persönlichkeit – für das, was Sie brauchen, um sich geborgen zu fühlen, und dafür, wie Sie auf das, was um Sie herum geschieht, emotional reagieren. Ihr Mondzeichen offenbart Ihnen auch Ihre emotionalen Bedürfnisse und wie Sie diese am besten erfüllen können. Beschäftigen Sie sich näher mit Ihrem Mondzeichen, um Ihre instinktiven und intuitiven Fähigkeiten zu verstehen und sich selbst richtig kennenzulernen. Wie Sie diese Beziehung zu sich selbst in Ihrem Inneren ausdrücken hängt davon ab, in welchem Tierkreiszeichen der Mond in Ihrem Horoskop steht.

ASZENDENT, DESZENDENT
Medium Coeli und Imum Coeli

Der Aszendent (AC), der Deszendent (DC), das Medium Coeli (MC, Himmelsmitte) und das Imum Coeli (IC, Himmelstiefe) werden im Horoskop als Winkel dargestellt und nicht als Himmelskörper. Schauen wir uns nun die vier wichtigsten Winkel im Geburtshoroskop an.

Aszendent (AC)

Der aufgehende Grad, der Aszendent, gehört zu den drei Eckpfeilern der Astrologie. Er heißt „aufgehend", denn er steht für das Tierkreiszeichen, das sich zur Geburtszeit am östlichen Horizont befand. Er symbolisiert unsere Lebensanschauung und den ersten Eindruck, den wir auf andere machen. Er ist unser Auftreten in der Welt, die „Maske", die wir in der Öffentlichkeit tragen und die andere sehen. Der Aszendent ändert sich alle zwei Stunden, aber wenn Sie Ihre Geburtszeit nicht kennen, können Sie auch die Zeit des Sonnenaufgangs an Ihrem Geburtstag und -ort ermitteln und in einen Geburtshoroskop-Rechner eingeben. So haben Sie zumindest einen groben Anhaltspunkt. Falls der Aszendent, den Sie erhalten, nicht stimmig ist, lesen Sie die Beschreibungen aller Sternzeichen und wählen Sie das, womit Sie sich am besten identifizieren können.

Deszendent (DC)

Außer Sonne, Mond und Aszendent ist auch der weniger bekannte Deszendent wichtig. In der Beispielgrafik auf der folgenden Seite ist er die waagerechte Linie mit der Bezeichnung DC. Er bezieht sich auf einen Winkel auf der rechten Seite des Horoskops, gegenüber des Aszendenten (AC). Der Deszendent steht im siebten Haus (siehe Kapitel 6), das die Beziehungen in unserem Leben symbolisiert. Das siebte Haus ist der östlichste Punkt auf der Grafik und das erste Haus der westlichste – dort, wo der Aszendent steht.

Der Deszendent kann Ihnen dabei helfen, Ihre Einstellung zu Beziehungen besser zu verstehen. Er wird oft unsere „Schattenseite" genannt, da er sich auf unsere Schwächen bezieht und auf jene Teile unseres Ichs, mit denen wir unsere Probleme haben. Der Deszendent offenbart auch Eigenschaften, die Sie nicht besitzen, aber die Sie bei anderen Menschen unbewusst suchen. Das betrifft oft auch Eigenschaften, die Sie unbewusst in einer Partnerschaft wünschen, schätzen und brauchen.

Medium Coeli (MC)

Das Medium Coeli oder die Himmelsmitte steht im zehnten Haus des Geburtshoroskops. Es ist ein Winkel an der Oberseite der Horoskopgrafik und symbolisiert unser öffentliches und berufliches Leben, unsere gesellschaftliche Stellung und unseren Beruf. Es kann Ihnen aufzeigen, welchen Einfluss Sie durch Ihre Beziehungen auf die Welt haben werden, und Ihnen ein Gefühl für Ihren

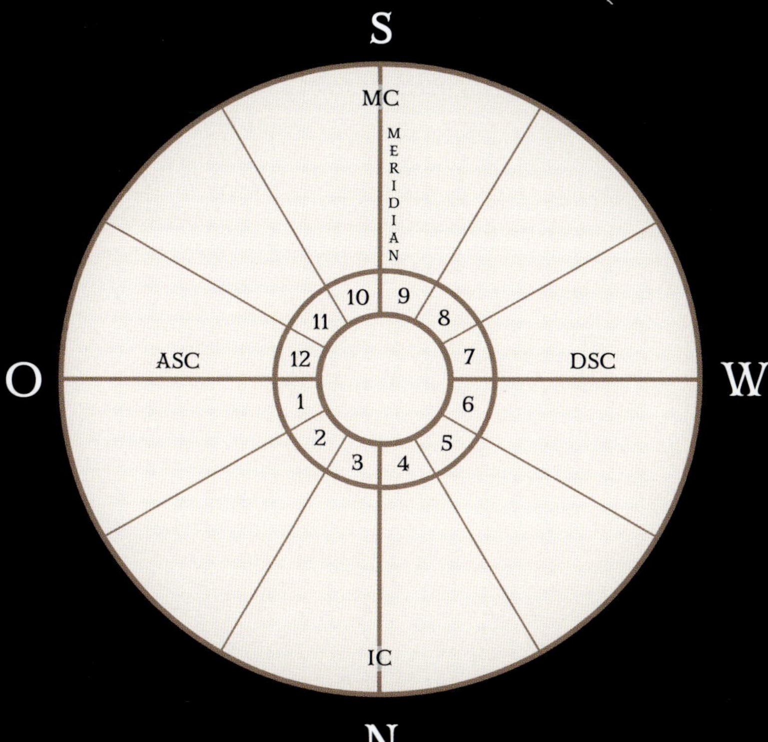

Lebenszweck und Ihr Schicksal vermitteln. Wenn es Ihnen schwerfällt, den richtigen Beruf zu finden, könnte das Medium Coeli ein hilfreicher Ausgangpunkt für Ihre Suche sein. Das Tierkreiszeichen, in dem sich Ihr Medium Coeli befindet, kann Ihnen verraten, in welcher Art von Tätigkeit Sie in diesem Leben die meiste Erfüllung finden, und wie Sie dieses Ziel erreichen. Um genauere Informationen zu erhalten, berücksichtigen Sie unbedingt auch sämtliche Planeten, die in Ihrem Medium Coeli stehen (also im zehnten Haus), da sie Ihnen den Weg zu Ihrem größten Erfolgspotenzial weisen können.

Imum coeli (IC)

Das Imum Coeli oder die Himmelstiefe befindet sich auf der unteren Seite der Horoskopgrafik. Es steht an der Spitze des vierten Hauses. Das Imum Coeli bezieht sich auf unser Zuhause, unsere Vergangenheit, unsere Bildung und unsere Kindheit. Es symbolisiert Ihr tiefstes, privatestes inneres Ich, Ihre Wurzeln und das, was Sie brauchen, um sich in dieser Welt sicher und geborgen zu fühlen. Das Tierkreiszeichen, in dem Ihr Imum Coeli steht, offenbart Ihnen die Teile Ihrer Persönlichkeit, die Sie vor der Welt verborgen halten – auch das, was Sie verdrängen.

STEINBOCK
22. Dezember – 19. Januar
SCHÜTZE
22. November – 21. Dezember 21
SKORPION
23. Oktober – 21. November
WAAGE
23. September – 22. Oktober
JUNGFRAU
23. August – 22. September
LÖWE
23. Juli – 22. August
KREBS
21. Juni – 22. Juli
ZWILLINGE
21. Mai – 20. Juni
STIER
20. April – 20. Mai
WIDDER
21. März – 19. April
FISCHE
19. Februar – 20. März
WASSERMANN
20. Januar – 18. Februar

2

DIE TIERKREISZEICHEN

Der Tierkreis oder Zodiak ist die scheinbare Bahn der Sonne im Laufe eines Jahres. Dieser gedachte Weg über den Himmel ist in 12 Abschnitte unterteilt, in die Tierkreiszeichen: Widder, Stier, Zwillinge, Krebs, Löwe, Jungfrau, Waage, Skorpion, Schütze, Steinbock, Wassermann und Fische.

Benannt sind die Tierkreiszeichen, die meistens „Sternzeichen" genannt werden, nach den 12 Sternbildern, in denen die Sonne auf ihrer jährlichen Bahn vorbeizukommen scheint. Die Tierkreiszeichen entsprechen den Positionen der Sterne auf dem Himmel, aber von der Erde aus gesehen.

Welches Tierkreiszeichen Ihnen zugeordnet wird, hängt also davon ab, in welchem der 12 Sternbilder die Sonne zum genauen Zeitpunkt Ihrer Geburt gerade stand. Die Sonne verbringt im Laufe eines Jahres in jedem Sternbild ungefähr 30 Tage, aber die genauen Daten für jedes Tierkreiszeichen weichen um ein bis zwei Tage ab. Der Grund dafür ist der Nordpol der Erde, der um 23,5 Grad geneigt ist, sodass sich die Erde nicht immer gleich schnell bewegt. Die hier angegebenen Zeiträume sind allgemeine Daten für jedes Zeichen, darum müssen Sie auch Ihr Geburtsjahr berücksichtigen, um das richtige Tierkreiszeichen zu ermitteln. Zu diesem Zweck können Sie einen Geburtshoroskop-Rechner verwenden (siehe Seite 172).

In diesem Kapitel nehmen wir die einzelnen Sternzeichen unter die Lupe und Sie werden erfahren, mit welchen Charaktereigenschaften, Symbolen und Elementen sie assoziiert werden. Es gibt auch ein Tarot-Legesystem für Sie, das Ihnen helfen soll, sich mit den Energien der Tierkreiszeichen in ihren jeweiligen Phasen zu verbinden. Außerdem finden Sie sogenannte Korrespondenzen, zum Beispiel Kräuter und Steine, die den Zeichen zugeordnet sind, und für Zaubersprüche und Rituale verwendet werden können.

WIDDER

21. MÄRZ – 19. APRIL

MONDHAUS 1., 2. und 3. **HAUS** Erstes
MANTRA „Ich bin“ **MODALITÄT** Kardinal **POLARITÄT** Positiv

Edelsteine

Amethyst, Aquamarin, Aventurin, Bergkristall, Diamant, Feuerachat, Granat, Heliotrop, Karneol, Rauchobsidian, roter Jaspis, Topas, Zitrin.

Kräuter und Gewürze

Basilikum, Brennnessel, Cayennepfeffer, Geißblatt, Johanniskraut, Klee, Rosmarin, Schafgarbe, Wermut.

Positive Eigenschaften

Wer im ersten Sternzeichen des Tierkreises geboren wurde, neigt dazu, selbstbewusst, direkt, gut organisiert, leidenschaftlich und aufrichtig zu sein. Widder fallen durch ihre Persönlichkeit und ihr Verhalten auf. Zwar sind sie nicht frei von Ängsten, lassen sich davon aber weniger einschränken und leben nach dem Motto: „Spüre die Angst, aber mach es trotzdem.“

Widder sind geborene Anführer und übernehmen lieber die Kontrolle, statt mit dem Strom zu schwimmen. Sie sind sehr unabhängig und mögen es nicht, wenn Menschen oder Situationen ihre Freiheit bedrohen oder einschränken. Sie sind äußerst entschlossen, großzügig und lieben den Wettbewerb. Mit Veränderungen kommen sie gut klar, da sie sehr anpassungsfähig sind. Widder gelten als die Pioniere des Tierkreises und beschreiten neue Wege. Mit ihrer Intelligenz und Auffassungsgabe erkennen sie größere Zusammenhänge, die anderen Sternzeichen verborgen bleiben. Die optimistischen und begeisterungsfähigen Widder sehen auch in trüben Zeiten immer Lichtblicke.

Negative Eigenschaften

Widder können ganz schön ungeduldig sein und sind dann leicht gereizt. Sie haben ein gewisse Impulsivität und Risikobereitschaft, die ihnen den Antrieb für ihre Aktivitäten verleiht. Das ist zwar nicht unbedingt schlecht, kann aber zu Erschöpfung führen, da es diesem Sternzeichen schwerfällt, sich zurückzunehmen. Außerdem neigen Widder dazu, sich für unfehlbar zu halten und Projekte und Probleme allein lösen zu wollen, was ein Nachteil ist, wenn man auf andere hören oder mit anderen zusammenarbeiten soll.

Der Widder ist von allen Tierkreiszeichen am meisten auf sich selbst ausgerichtet. Er kann auch richtig egoistisch sein kann. Zwar sind Widder sehr entschlossen, geben aber manchmal mitten in einem Vorhaben auf, da ihnen das benötigte Durchsetzungsvermögen fehlt, um ihr Projekt bis zum Ende durchzuziehen.

Farben
Rot, Weiß

SYMBOL
Der Widder

ELEMENT
Feuer

Widder

TAROTKARTE
Der Herrscher

HERRSCHERPLANET
Mars

GEBURTSSTEIN
Diamant

1. Wo stehe ich gerade in meinem Leben?
2. Welcher Bereich meines Lebens braucht meine Aufmerksamkeit?
3. Was beginnt in meinem Leben gerade zu wachsen?
4. Wie kann ich dieses Wachstum unterstützen?

5. Was muss ich dafür aus meinem Leben entfernen?
6. Wie kann das erreicht werden?
7. Was sind meine Ziele für die Zeit des Widders?

FARBEN
Grün, Rosa

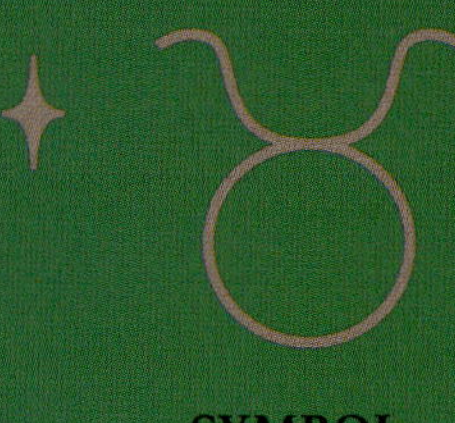

SYMBOL
Der Stier

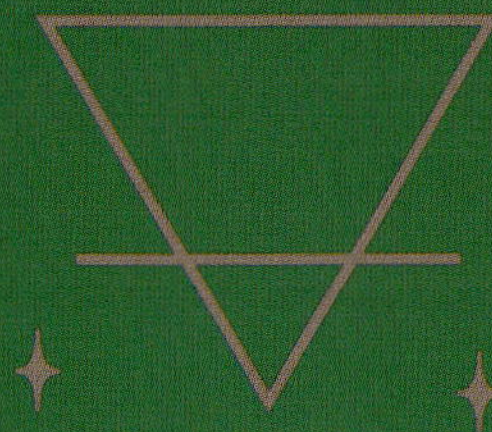

ELEMENT
Erde

STIER

TAROTKARTE
Der Hierophant

HERRSCHERPLANET
Venus

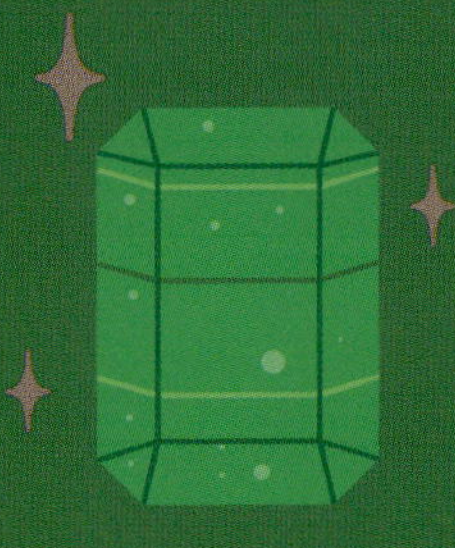

GEBURTSSTEIN
Smaragd

1. Was wird diese Zeit bringen?

2. Wie kann ich mich erden?

3. Welcher Bereich meines Lebens braucht mehr Stabilität?

4. Wie kann ich lernen, Veränderungen anzunehmen?

5. In welcher Hinsicht bin ich zu stur?

6. In welchen Bereichen muss ich mit mir nachsichtiger sein?

7. Wie kann ich liebevoll mit mir umgehen?

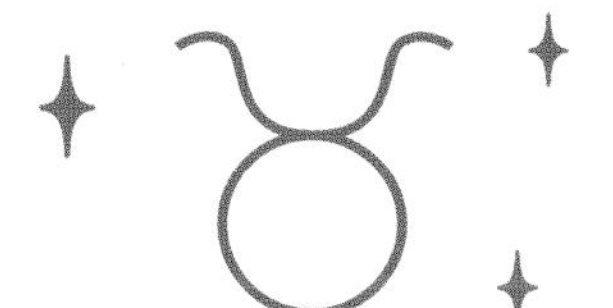

STIER

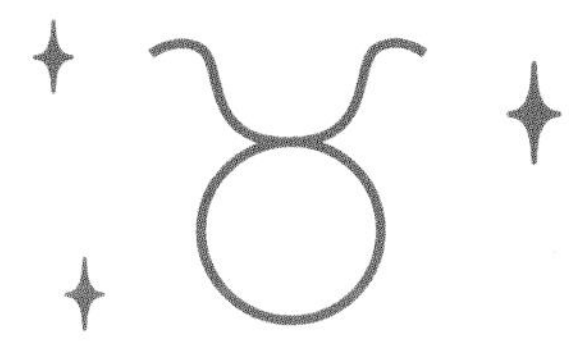

20. APRIL – 20. MAI

MONDHAUS 4. und 5. **HAUS** Zweites
MANTRA „Ich habe" **MODALITÄT** Fest **POLARITÄT** Negativ

Edelsteine

Blauer Kyanit, Diamant, Jade, Karneol, Lapislazuli, Malachit, Pyrit, Rhodonit, Rosenquarz, Selenit, Smaragd, Tigerauge, Turmalin.

Kräuter und Gewürze

Ashwagandha, Gänseblümchen, Katzenminze, Lavendel, Löwenzahn, Malve, Minze, Mutterkraut, Patschuli, Rose, Rosmarin, Salbei, Thymian, Wegerich.

Positive Eigenschaften

Stiere sind in der Regel geerdet, praktisch veranlagt und schätzen Stabilität auf mentaler, emotionaler und materieller Ebene. In einem stabilen Umfeld können Stiere gedeihen, entspannen und sich öffnen, wenn sie sich geborgen genug fühlen. Stiere sind gut organisiert und führen meist ein strukturiertes Leben. Sie sind verlässlich und engagiert und schätzen diese Eigenschaften auch bei anderen Menschen.

Stiere widmen sich ihren Aufgaben mit Ernsthaftigkeit, sodass sie eventuelle Probleme oder Hindernisse überwinden können. Dank ihrer Entschlossenheit und Verlässlichkeit ziehen sie Projekte bis zum Ende durch.

Negative Eigenschaften

Stiere gelten als materialistisch und sind manchmal zu sehr auf Geld und Besitz fixiert. Dieses Besitzdenken kann sich auch auf Personen ausweiten, vor allem auf Menschen, die dem Stier nahestehen. Dieses Tierkreiszeichen mag keine Veränderungen, schon gar nicht, wenn sie plötzlich geschehen und die Stabilität und das Sicherheitsgefühl des Stieres bedrohen. Aus diesem Grund sind Stiere neuen Ideen gegenüber oft skeptisch und selbst bei kleinen Entscheidungen darauf bedacht, dass alles so bleibt, wie es ist. Fühlt sich der Stier in einem beständigen Umfeld jedoch zu behaglich, kann er bequem werden. Von Zeit zu Zeit muss er also seine Komfortzone verlassen, um nicht einzurosten, auch wenn es ihm ganz und gar nicht gefällt.

Wie die gleichnamigen Tiere sind auch die astrologischen Stiere für ihre Sturheit bekannt. Haben sie keine Lust, etwas zu machen, dann tun sie es einfach nicht. Ihre Starsinnigkeit beinhaltet auch das zwanghafte Festhalten an Ideen und Denkweisen, wodurch es lang dauern kann, bis sie ihre Meinung oder ihr Verhalten ändern.

ZWILLINGE

21. MAI – 20. JUNI

MONDHAUS 6. und 7. **HAUS** Drittes
MANTRA „Ich denke“ **MODALITÄT** Beweglich **POLARITÄT** Positiv

Edelsteine

Achat, Apatit, Chrysokoll, Chrysopras, Coelestin, Hämatit, Howlith, Lapislazuli, Saphir, Serpentin, Sodalith.

Kräuter und Gewürze

Anis, Baldrian, Dill, Helmkraut, Klette, Kümmel, Lavendel, Majoran, Melisse, Petersilie.

Positive Eigenschaften

Zwillinge sind gesellig, lebenslustig und oft sehr charismatisch. Der Merkur als Herrscherplanet verleiht ihnen ein Kommunikationstalent und sie lieben es, angeregt zu debattieren und zu diskutieren. Sie sind auch gute Zuhörer. Dank ihrer Intelligenz und schnellen Auffassungsgabe finden sie sich in jedem Umfeld rasch zurecht. Zwillinge lernen leicht, beherrschen das Multitasking und lassen sich von Veränderungen nicht aus der Ruhe bringen, sondern passen sich jeder Situation ganz natürlich an. Aufgrund ihrer fast kindlichen Neugier sind Zwillinge äußerst wissbegierig, wodurch sie sich eine umfassende Allgemeinbildung aneignen.

Negative Eigenschaften

Zwillinge ist das erste von vier beweglichen Sternzeichen (siehe Seite 47) und wer in dieser Konstellation geboren wurde, kann einen wankelmütigen Charakter haben. Zwillinge sind humorvoll und haben ein heiteres Gemüt, können aber plötzlich ernsthaft, nachdenklich und grüblerisch werden, sodass man sich über ihren plötzlichen Stimmungsumschwung wundert. Daran zeigt sich die Dualität dieses Sternzeichens. Aber auch daran, dass Zwillinge ihre Meinung schnell ändern können und sie jedem Menschen in ihrem Umfeld andere Facetten ihrer Persönlichkeit zeigen. Oft vermischen sie Wirklichkeit und Erfundenes, sodass ihre „Wahrheit“ aus beidem besteht. Das brachte ihnen den Ruf als Sternzeichen mit „zwei Gesichtern“ ein.

Trotz ihrer Neugier haben Zwillinge eine kurze Aufmerksamkeitsspanne, wodurch sie oberflächlich wirken können. Meistens beenden sie nicht, was sie anfangen, da sie sich schnell langweilen und immer wieder neuen Interessen nachgehen. Es fällt ihnen schwer, sich zu verpflichten oder fest an etwas zu binden.

Farben
Gelb, Grün, Blau

SYMBOL
Die Zwillinge

ELEMENT
Luft

ZWILLINGE

TAROTKARTE
Die Liebenden

HERRSCHERPLANET
Merkur

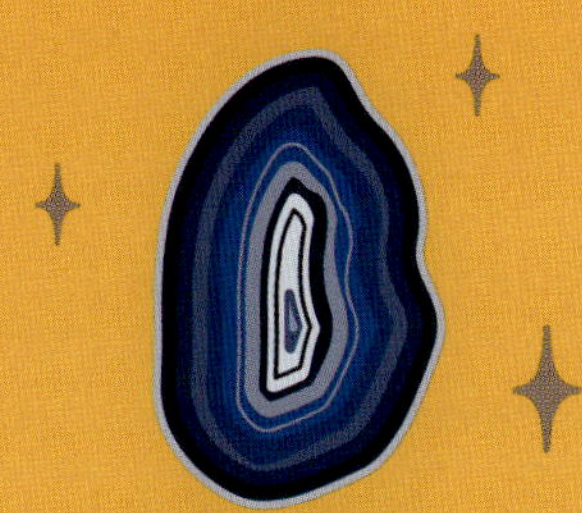

GEBURTSSTEIN
Achat

1. Wo stehe ich gerade im Leben?

2. Wo muss ich öfter den Mund aufmachen?

3. Wie kann ich mich besser ausdrücken?

4. Wo muss ich besser zuhören?

5. Wie kann ich meine Verbindung zu anderen vertiefen?

6. Wo muss ich mehr Engagement zeigen?

7. Worauf soll ich meine Aufmerksamkeit in dieser Zeit richten?

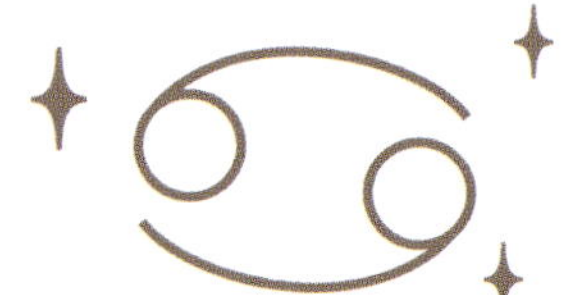

KREBS

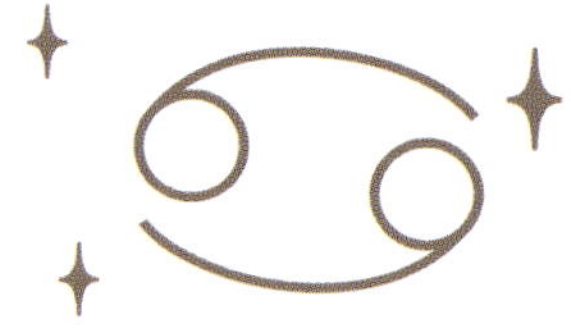

21. JUNI – 22. JULI

MONDHAUS 8., 9. und 10. **HAUS** Viertes
MANTRA „Ich fühle“ **MODALITÄT** Kardinal **POLARITÄT** Negativ

Edelsteine

Bernstein, Chalzedon, Karneol, Mondstein, Moosachat, Opal, Rhodonit, Selenit.

Kräuter, Gewürze und Harze

Estragon, Eukalyptus, Jasmin, Kampfer, Lorbeer, Myrrhe, Odermennig, Pfefferminze, Rotklee, Vogelbeere, Ysop.

Positive Eigenschaften

Mit dem Mond als Herrscherplanet sind Krebse für gewöhnlich sehr intuitiv und hören auf ihr Bauchgefühl – auf das sie sich fast immer verlassen können. Spüren sie, dass sie einer Person oder Situation nicht trauen können, gibt es meist einen guten Grund dafür. Krebse haben eine feine Wahrnehmung und sind empfänglich für die Energien ihres Umfelds.

Der Einfluss des Mondes macht aus dem Krebs ein hochsensibles und emotionales Sternzeichen. Krebse sind sehr fürsorglich und mitfühlend. Sie haben Verständnis für das Leid anderer und besitzen dadurch eine natürliche Gabe für das Heilen. Wer unter diesem Tierkreiszeichen geboren wurde, ist loyal, kümmert sich liebevoll um sein Zuhause sowie um Freunde und Familie. Krebse verwandeln ihren Wohnbereich gern in ein Refugium – einen Rückzugsort, an dem sie sich geborgen fühlen, wenn ihnen in der Außenwelt alles zu viel wird.

Negative Eigenschaften

Aufgrund ihres Einfühlungsvermögens nehmen Krebse die Probleme und Belastungen anderer Menschen so intensiv wahr, als wären es ihre eigenen. Sie absorbieren negative Energien aus ihrem Umfeld und fühlen sich oft unnötig gestresst und emotional überwältigt. Krebse haben Angst vor Verletzlichkeit. Ihre starke Emotionalität macht sie angreifbar und unsicher und sie brauchen ständig die Bestätigung von den wichtigen Menschen in ihrem Leben. Das kann bedeuten, dass sie die Stabilität, die sie herbeisehnen, nicht immer in den richtigen Situationen suchen. Ihre Unsicherheit macht sie in Beziehungen oft anhänglich und besitzergreifend, da sie nach Beständigkeit streben. Unter Umständen wird aus einem fürsorglichen Krebs ein Kontrollfreak, dessen Stimmung mit den Mondphasen wechselt und der von einem Moment auf den anderen statt warmherzig und mitfühlend auf einmal launisch und gereizt ist.

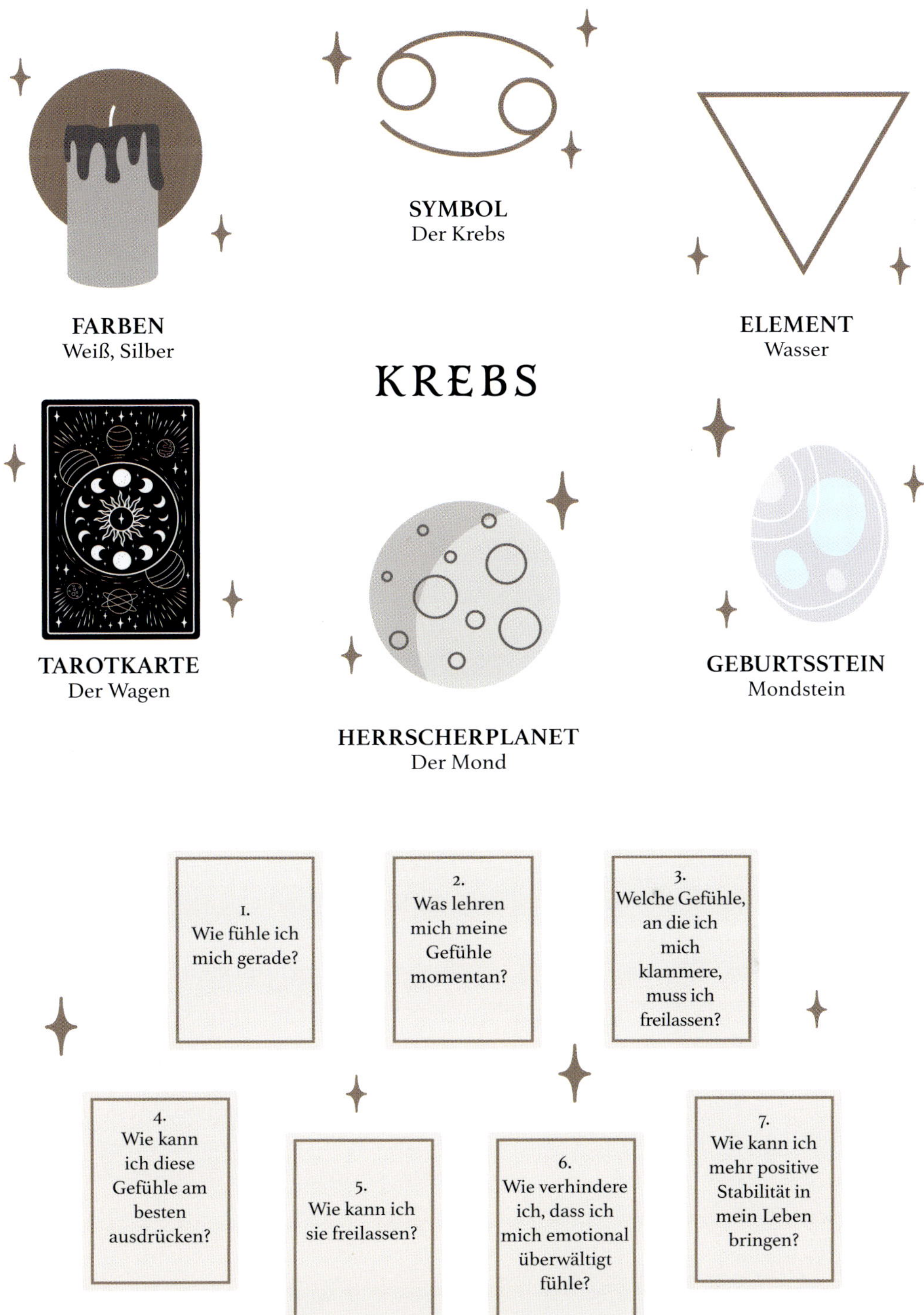

SYMBOL
Der Krebs
FARBEN
Weiß, Silber
ELEMENT
Wasser
KREBS
TAROTKARTE
Der Wagen
GEBURTSSTEIN
Mondstein
HERRSCHERPLANET
Der Mond
1. Wie fühle ich mich gerade?
2. Was lehren mich meine Gefühle momentan?
3. Welche Gefühle, an die ich mich klammere, muss ich freilassen?
4. Wie kann ich diese Gefühle am besten ausdrücken?
5. Wie kann ich sie freilassen?
6. Wie verhindere ich, dass ich mich emotional überwältigt fühle?
7. Wie kann ich mehr positive Stabilität in mein Leben bringen?

LÖWE

23. JULI – 22 AUGUST

MONDHAUS 11. und 12. **HAUS** Fünftes
MANTRA „Ich werde" **MODALITÄT** Fest **POLARITÄT** Positiv

Edelsteine

Bernstein, Chrysokoll, Granat, Karneol, Kunzit, Labradorit, Onyx, Orangenkalzit, Rhodochrosit, roter Obsidian, Rubin, schwarzer Turmalin, Sonnenstein.

Kräuter, Gewürze und Harze

Augentrost, Benzoe, Fenchel, Kamille, Königskerze, Lavendel, Muskat, Pfeffer, Ringelblume, Rosmarin, Sonnenblume, Wacholder, Zimt.

Positive Eigenschaften

Menschen, die unter diesem Sternzeichen geboren wurden, sind starke, charismatische Persönlichkeiten, die das auch gern ausdrücken. Sie sind selbstsicher und mutig. Ihr Herrscherplanet ist die Sonne und ihr Element ist das Feuer. Kein Wunder, dass Löwen ein großes Herz haben und freundlich und freigiebig sind. Außerdem sind sie leidenschaftlich, durchsetzungsfähig und kreativ. Dank ihrer festen Modalität (siehe Seite 46) widmen sie sich jedem Projekt, an dem sie arbeiten, mit voller Hingabe. Ihr Ehrgeiz lässt sie auch in Führungsrollen glänzen und sie haben ein Talent dafür, andere anzuspornen.

Löwen haben viel Humor, was ihnen in allen Lebenslagen hilft. Läuft etwas schief, können sie darüber lachen und auch andere wieder aufheitern. Sie sind loyale, großzügige Freunde, die gern Spaß haben und Abenteuer erleben. Wie das gleichnamige Tier beschützt auch das Sternzeichen Löwe alle seine Lieben.

Negative Eigenschaften

Trotz ihrer starken Persönlichkeit reagieren Löwen sehr empfindlich auf Kritik, vor allem, wenn sie von Menschen aus ihrem engsten Umfeld kommt, denn Löwen möchten bewundert und geliebt werden. Dieser Wunsch, beliebt zu sein, macht sie auch zu leichten Opfern von Manipulation. Löwen sind forsch, was nicht negativ ist, aber oft sind sie zusätzlich auch streitlustig und arrogant. Sie sind egozentrisch und eitel, neigen zur Prahlerei und sind manchmal zu stolz auf ihre Erfolge. Als feste Zeichen haben Löwen oft unflexible Ideen, Meinungen und einen unverrückbaren Glauben, was durch ihren Starrsinn noch verstärkt wird. Manchmal folgen sie stur einem Plan, nur weil sie ihn erdacht haben, auch wenn sie merken, dass dieser Weg nicht mehr der Richtige für sie ist.

Farben
Gelb, Orange, Gold

SYMBOL
Der Löwe

ELEMENT
Feuer

LÖWE

TAROTKARTE
Die Kraft

HERRSCHERPLANET
Die Sonne

GEBURTSSTEIN
Rubin

1.
Wo stehe ich gerade im Leben?

2.
Wo liegt meine Stärke?

3.
In welchen Bereichen muss ich mutiger werden?

4.
In welchen Bereichen kann ich flexibler und weniger stur werden?

5.
Wie kann ich meine Schöpferkraft entfalten?

6.
Welche Lektionen lehrt mich die Zeit des Löwen?

FARBEN
Braun, Grün

SYMBOL
Die Jungfrau

ELEMENT
Erde

JUNGFRAU

TAROTKARTE
Der Eremit

HERRSCHERPLANET
Merkur

GEBURTSSTEIN
Peridot

1. Was ist das zentrale Thema dieser Zeit der Jungfrau?
2. Wie bringe ich erdende Stabilität in mein Leben?
3. Welche Lebensbereiche muss ich besser strukturieren?
4. In welchen Bereichen muss ich gelassener werden?
5. In welchen Bereichen und auf welche Art bin ich zu selbstkritisch?
6. Wie bringe ich mein Leben in ein harmonischeres Gleichgewicht?

JUNGFRAU

23. AUGUST – 22. SEPTEMBER

MONDHAUS 13. und 14. **HAUS** Sechstes
MANTRA „Ich analysiere“ **MODALITÄT** Beweglich **POLARITÄT** Negativ

Edelsteine

Amazonit, Amethyst, Chrysokoll, Fluorit, grüner Jade, Karneol, Opal, Peridot, Rutilquarz, Sodalith, Sugilith.

Kräuter und Gewürze

Baldrian, Echte Aloe, Fenchel, grüner Hafer, Helmkraut, Kamille, Lavendel, Melisse, Odermennig, Pfefferminze, Thymian.

Positive Eigenschaften

Jungfrauen haben eine starke Verbindung zur Erde und sind darum bodenständig und sehr praktisch veranlagt. Das bewahrt sie davor, arrogant oder egoistisch zu werden. Sie sind bescheiden, vor allem in Bezug auf ihre Erfolge. Jungfrauen sind in der Regel gut organisiert und nehmen jedes kleinste Detail in ihrem Umfeld und an den Menschen in ihrer Umgebung wahr. Sie sind verlässlich und gewissenhaft und haben höchste Ansprüche an sich selbst, was teilweise an ihrer strukturierten und systematischen Herangehensweise in allen Lebensbereichen liegt. Sie versäumen nie einen Termin oder eine Frist und sie wissen ganz genau, was sie tun müssen, um ihre Ziele zu erreichen.

Die geistige Flexibilität der Jungfrauen ist unerreicht. Dank ihrer schnellen Auffassungsgabe eignen sie sich Wissen und Fähigkeiten schneller an als die meisten anderen. Ihr Herrscherplanet Merkur verleiht ihnen die nötige Wortgewandtheit, die sie zu hervorragenden Rednern macht.

Negative Eigenschaften

Zwar sind Jungfrauen gewissenhafte, fleiße Arbeiter, doch ihre Stärken können auch zu Schwächen werden. Sie neigen dazu, sich zu verausgaben, oft bis zur Erschöpfung, da sie ihre ganze Energie in ihre Aufgabe stecken und sich nicht genug um ihre körperlichen Bedürfnisse kümmern oder keine ausreichenden Erholungsphasen einlegen. Oft setzen sich Jungfrauen auch noch unerreichbare Ziele, sodass im Endeffekt ihre ganze Energie verschwendet wird. Aufgrund ihrer hohen Ansprüche sind Jungfrauen auch sehr selbstkritisch. Sie wollen auf allen Ebenen perfekt sein und wenn ihnen das nicht gelingt, gehen sie hart mit sich ins Gericht. Dann zweifeln sie an sich, an ihren Fähigkeiten und sogar an ihrem Selbstwert. Jungfrauen haben einen Hang zum Grübeln und sie werden von der ständigen Sorge, nicht gut genug zu sein, geplagt.

SYMBOL
Die Waage

FARBEN
Grün, Rosa

ELEMENT
Luft

WAAGE

TAROTKARTE
Die Gerechtigkeit

HERRSCHERPLANET
Venus

GEBURTSSTEIN
Saphir

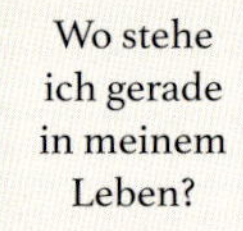

1. Wo stehe ich gerade in meinem Leben?
2. Welcher Lebensbereich muss ausgeglichener werden?
3. Wie kann ich dieses Gleichgewicht erzeugen?
4. Wie kann ich anderen Menschen vernünftige Grenzen setzen?
5. In welchen Bereichen mache ich zu sehr, was andere sagen?
6. Wie kann ich mich mit meiner authentischen inneren Stimme verbinden?

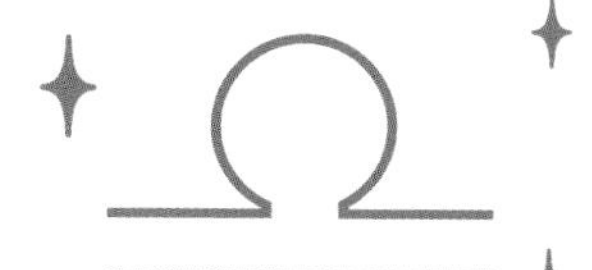

WAAGE

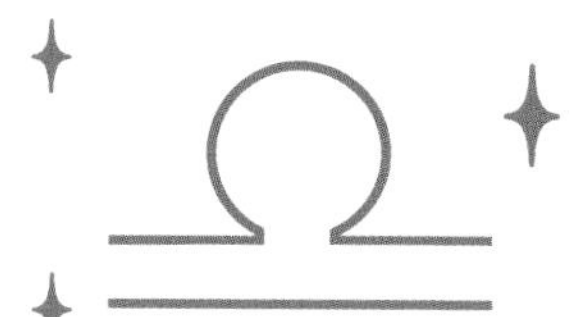

23. SEPTEMBER – 22. OKTOBER

MONDHAUS 15., 16. und 17. **HAUS** Siebtes
MANTRA „Ich verknüpfe“ **MODALITÄT** Kardinal **POLARITÄT** Positiv

Edelsteine

Ametrin, Aquamarin, Falkenauge, grüner Turmalin, Jade, Lepidolith, Saphir, Topas.

Kräuter und Gewürze

Beifuß, Brennnessel, Damiana, Grüne Minze, Jasmin, Kanadische Gelbwurz, Kissen-Primel, Klette, Kümmel, Passionsblume, Rose, Schafgarbe, Wegwarte.

Positive Eigenschaften

Die Waage ist ein Instrument des Gleichgewichts. Kein Wunder, dass dieses Sternzeichen nach Fairness und Harmonie auf allen Ebenen strebt. Waagen haben einen starken Sinn für Gerechtigkeit. Im Gegensatz zu den Wasserzeichen, die eher nach innen gekehrt sind, nehmen die Waagen mehr Anteil an dem, was in der Welt geschieht. Für gewöhnlich sind Waagen umgänglich und haben gute kommunikative Fähigkeiten. Ihr Herrscherplanet Venus verleiht ihnen einen gewissen Charme. Sie sind sozial und stilvoll und können auch gut zuhören.

Waagen lieben Harmonie und Frieden. Sie sind geborene Vermittler. Mit ihren diplomatischen Fähigkeiten schlichten sie Streit und klären Konflikte. Meinungsverschiedenheiten vermeiden sie. Als Luftzeichen sind Waagen intellektuell und aufmerksam. Um das gewünschte Gleichgewicht herzustellen, gehen sie logisch und analytisch vor.

Negative Eigenschaften

Waagen gelten oft als die ausgeglichensten aller Tierkreiszeichen, aber das ist nicht immer so. Sie können auch zwischen zwei Extremen schwanken und beispielsweise im Wechsel introvertiert und extrovertiert sein, auf der Suche nach ihrem Gleichgewicht. Waagen sind harmoniebedürftig, was an und für sich nicht schlecht ist, aber dazu führen kann, dass sie es anderen immer recht machen wollen und Kompromisse eingehen, mit denen sie sich nicht wohlfühlen. Oft bringen sie Opfer um des lieben Friedens willen und versuchen anderen um jeden Preis zu gefallen. Aus diesem Grund können sie von anderen Menschen relativ leicht manipuliert werden, aber auch, weil sie oft dazu neigen, mit dem Strom zu schwimmen und sich zu stark an der Meinung anderer orientieren.

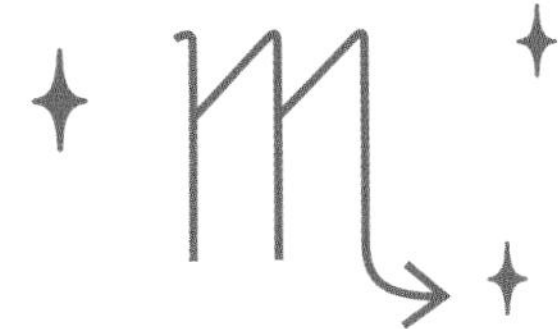

SKORPION

23. OKTOBER – 21. NOVEMBER

MONDHAUS 18. und 19. **HAUS** Achtes
MANTRA „Ich verwandle" **MODALITÄT** Fest **POLARITÄT** Negativ

Edelsteine

Beryll, Granat, Heliotrop, Herkimer-Diamant, Obsidian, Rhodochrosit, roter Jaspis, Topas.

Kräuter und Gewürze

Erdrauch, Ginseng, Hibiskus, Himbeerblätter, Ingwer, Koriander, Kreuzkümmel, Polei-Minze, Tabak (Achtung: giftig), Wermut, Wiesen-Kerbel.

Positive Eigenschaften

Skorpione gelten als leidenschaftlich. Der Einfluss der Herrscherplaneten Mars und Pluto verleiht ihnen ein gefühlsbetontes, intuitives Wesen. Skorpione sind sehr unabhängig und nehmen lieber alles selbst in die Hand, als sich von anderen helfen zu lassen. Sie sind unglaublich entschlossen und hartnäckig. Wenn sie etwas wollen, tun sie alles, um es auch zu bekommen. Angetrieben von ihrer inneren Stärke nähern sie sich ihren Zielen und räumen dabei Hindernisse aus dem Weg, ohne sich von der Meinung anderer beeinflussen zu lassen. Da sie geduldig sind, nehmen sie sich die Zeit, die sie brauchen, um diese Ziele zu erreichen.

Als Wasserzeichen haben Skorpione einen guten Draht zu ihren Gefühlen. Nach außen hin wirken sie zwar gefasst, aber eigentlich sind sie äußerst sensibel. Skorpione sind auch von Natur aus neugierig und möchten alles ergründen, um das, was ihnen wichtig ist, zu verstehen.

Negative Eigenschaften

Skorpione können sehr manipulativ und eifersüchtig sein. Sie betrachten vieles in ihrem Leben als Konkurrenz. Wenn jemand anderes ihre Ziele vor ihnen erreicht oder erfolgreicher ist als sie, verspüren sie Neid. Den Skorpionen haftet eine gewisse Dualität an: Sie möchten nicht unter der Kontrolle anderer stehen, aber sie haben selbst gern die Kontrolle über andere. Sie erteilen gern Befehle und wollen über andere Menschen und über ihr Umfeld bestimmen.

Skorpione sind schonungslos ehrlich. Sie sagen stets die Wahrheit, was grundsätzlich gut ist, aber manchmal übertreiben sie es und sind auch dann ehrlich, wenn sie damit verletzend sind oder ihre Direktheit zu unangenehmen Situationen führt. Skorpione sind misstrauisch und brauchen viel Zeit, bis sie anderen vertrauen. Sie sind auch verschlossen und gut darin, Informationen zu verheimlichen. Ihre Pläne geben sie ungern preis. Aufgrund dieser Eigenschaften ist es schwierig, einen Skorpion wirklich gut kennenzulernen.

SKORPION

FARBEN
Rot, Schwarz, Violett, Dunkelblau

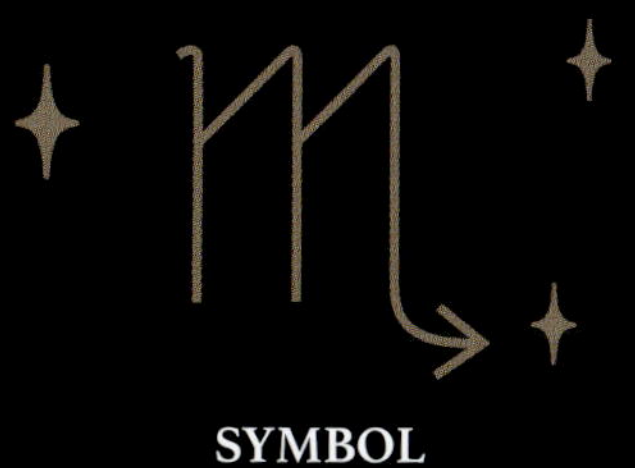

SYMBOL
Der Skorpion

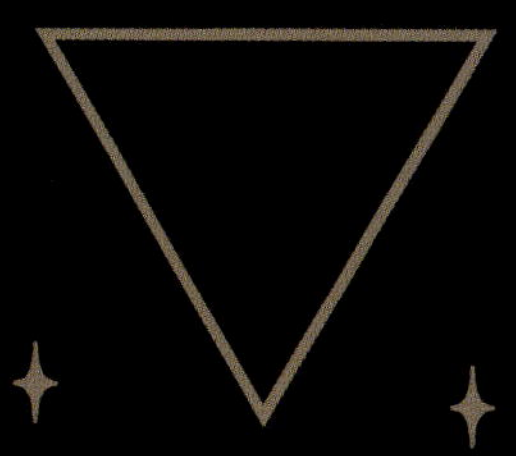

ELEMENT
Wasser

TAROTKARTE
Der Tod

HERRSCHERPLANET
Mars und Pluto

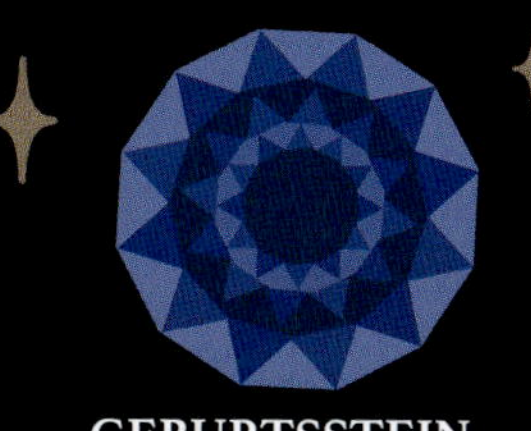

GEBURTSSTEIN
Topas

1. Wo stehe ich gerade in meinem Leben?
2. Worauf sollte ich diesen Monat neugierig sein?
3. Welche Lebensbereiche kontrolliere ich zu sehr?

4. Welche Bereiche muss ich stärker kontrollieren?
5. Wie kann ich lernen, anderen mehr zu vertrauen?
6. In welchen Bereichen muss ich ehrlicher zu mir selbst werden?
7. Welche Lektionen lehrt mich die Zeit des Skorpions?

SCHÜTZE

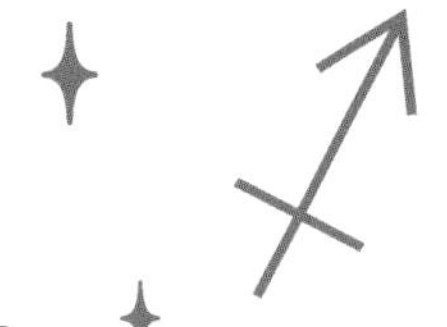

22. NOVEMBER – 21. DEZEMBER

MONDHAUS 20. und 21. **HAUS** Neuntes
MANTRA „Ich sehe" **MODALITÄT** Beweglich **POLARITÄT** Positiv

Edelsteine

Blauer Streifenchalzedon, Granat, Jade, Malachit, Rauchquarz, Schneeflockenobsidian, Türkis.

Kräuter und Gewürze

Arnika, Gartennelke, Mädesüß, Malve, Odermennig, Rotklee, Weide.

Positive Eigenschaften

Schützen sind Wanderer mit einem neugierigen, abenteuerlichen Wesen. Unabhängigkeit und persönliche Freiheit sind ihnen sehr wichtig, genau wie Selbstverbesserung und Wachstum. Sie lieben es, im Moment zu leben, und hinterfragen immer alles. Als Feuerzeichen sprühen sie vor Energie, sind aufgeschlossen und betrachten die Welt aus einem philosophischen Blickwinkel. Bei den Schützen weiß man immer, woran man ist, denn sie sind in allen Lebensbereichen ehrlich und auf Authentizität bedacht.

Der Herrscherplanet Jupiter bringt den Schützen Glück, aber auch viel Humor und eine enthusiastische, positive Lebenseinstellung. Schützen sind optimistisch, selbstbewusst und sehen an jeder Situation die positiven Seiten.

Negative Eigenschaften

Wie bei vielen anderen Sternzeichen liegen auch die Schwächen der Schützen in ihren Stärken. Der starke Freiheitsdrang geht Hand in Hand mit einer Angst vor Bindungen. Sie gehen auch lieber ihren eigenen Weg statt sich den Plänen anderer zu verpflichten. Ein ausgeglichener Schütze schätzt die kleinen Freuden im Leben, aber fehlt ihm die Balance, ist er so auf die aktuelle Wichtigkeit in seinem Leben fixiert, dass er das Wesentliche und Einfache aus den Augen verliert.

Schützen sind risikofreudig und immer auf der Suche nach neuen Trends und erfolgversprechenden Innovationen, für die sie oft ihre gegenwärtigen Projekte aufgeben, bevor sie überhaupt in Schwung kommen. Als Feuerzeichen sind Schützen ungeduldig, leicht gereizt und sehr impulsiv. Daher haben sie den Ruf, unberechenbar zu sein. Bei den Schützen weiß man zwar, woran man ist, aber ihre schonungslose Ehrlichkeit kann auch schockierend sein.

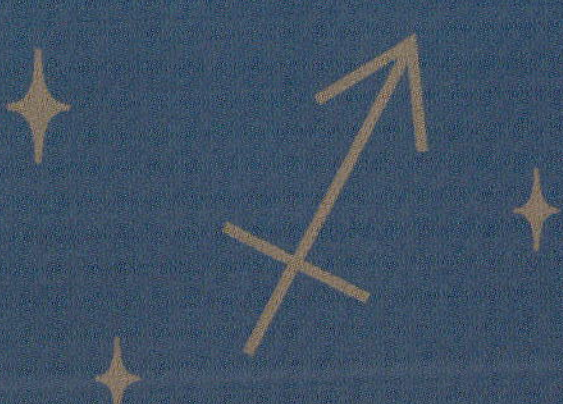

SYMBOL
Der Bogenschütze

FARBEN
Orange, Violett, Dunkelblau

ELEMENT
Feuer

SCHÜTZE

TAROTKARTE
Die Mäßigkeit

GEBURTSSTEIN
Türkis

HERRSCHERPLANET
Jupiter

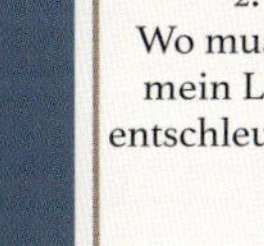

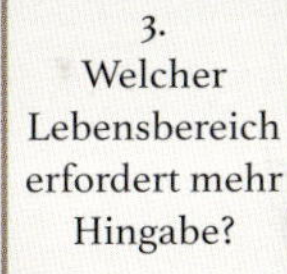

1. Wie fühle ich mich zu Beginn der Schützen-Zeit?

2. Wo muss ich mein Leben entschleunigen?

3. Welcher Lebensbereich erfordert mehr Hingabe?

4. In welchem Bereich muss ich ein Risiko eingehen und darauf vertrauen, dass alles gut wird?

5. In welchen Bereichen muss ich ehrlicher zu mir selbst werden?

6. Wie kann ich die kleinen Freuden im Leben schätzen?

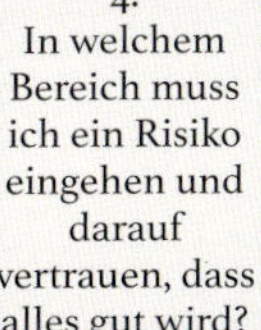

FARBEN
Grau, Dunkelgrün

SYMBOL
Der Bock

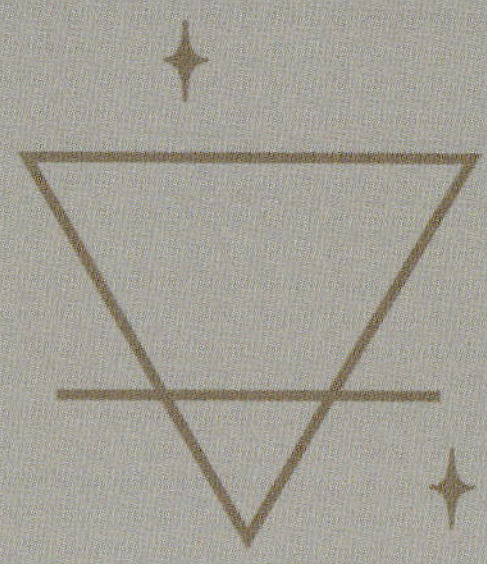

ELEMENT
Erde

STEINBOCK

TAROTKARTE
Der Teufel

HERRSCHERPLANET
Saturn

GEBURTSSTEIN
Granat

1. Welche Karte beschreibt, wo ich im Leben gerade stehe?
2. Auf welche Ziele muss ich mich in dieser Steinbock-Zeit konzentrieren?
3. In welchem Lebensbereich muss ich hartnäckiger sein?
4. In welchem Bereich muss ich gelassener sein?
5. In welcher Weise setze ich mich zu stark unter Druck?
6. Wie kann ich etwas von diesem Druck abbauen?
7. Wie lerne ich, bei Bedarf um Hilfe zu bitten?

STEINBOCK

22. DEZEMBER – 19. JANUAR

MONDHAUS 22., 23. und 24. **HAUS** Zehntes
MANTRA „Ich nutze" **MODALITÄT** Kardinal **POLARITÄT** Negativ

Edelsteine

Azurit, Fluorit, Granat, Labradorit, Malachit, Rauchquarz, schwarzer Onyx.

Kräuter und Gewürze

Beinwell, Cayennepfeffer, Eisenkraut, Erdrauch, Farn (Achtung: giftig), Ingwer, Königskerze, Kümmel, Rosmarin, Weinraute.

Positive Eigenschaften

Der Steinbock ist ein Erdzeichen und daher praktisch veranlagt, bodenständig und verantwortungsbewusst. Steinböcke sind auch ehrgeizig und arbeiten mit Entschlossenheit und Hingabe auf ihre Ziele hin, auch wenn es länger dauert. Ihr Durchhaltevermögen ist definitiv eine ihrer größten Stärken. Dank ihrer starken Arbeitsmoral bringen sie genug Fleiß und Engagement auf, um im Leben das zu erreichen, was sie wollen. Der Herrscherplanet Saturn verleiht ihnen die dafür nötige Disziplin und Selbstkontrolle. Steinböcke stehen im ständigen Wettstreit mit sich selbst und wollen sich immer wieder übertreffen, um voranzukommen. Der Einfluss des Saturns macht sie außerdem gut organisiert und von Natur aus pflichtbewusst, da sie einen ausgeprägten Sinn für Verantwortung besitzen.

Negative Eigenschaften

Steinböcke sind entschlossen und hartnäckig, bis sie ihre Ziele erreicht haben. Das ist grundsätzlich nicht schlecht, aber dieses Sternzeichen kann auch zu stark auf bestimmte Ziele fixiert sein, während andere Lebensbereiche vernachlässigt und vergessen werden. Steinböcke können richtig stur werden, wenn sie an etwas anderes als an ihr aktuelles Projekt auch nur denken sollen. Hat ein Steinbock seine Entscheidung getroffen, ändert er seine Meinung oder Ansichten dazu meist nicht mehr. Aufgrund des Saturn-Einflusses wirken Steinböcke oft kühl und distanziert, vor allem, wenn sie sich gerade stark auf ihre Ziele konzentrieren. Oft setzen sie sich selbst unter Druck, da sie in jeder Hinsicht perfekt sein wollen. Ihre Versagensängste lassen sie ständig nach Erfolg streben. Dann übernehmen sie so viel Verantwortung, dass ihr engagierter Einsatz sie direkt ins Burnout katapultiert.

SYMBOL
Der Wasserträger

FARBEN
Blau, Türkis, Silber

ELEMENT
Luft

WASSERMANN

TAROTKARTE
Der Stern

GEBURTSSTEIN
Aquamarin

HERRSCHERPLANET
Saturn und Uranus

1.
Wie fühle ich mich auf emotionaler Ebene?

2.
Warum habe ich Angst vor meinen Gefühlen?

3.
Wie kann ich meine Gefühle besser verstehen?

4.
Wie kann ich lernen, meine Gefühle auszudrücken?

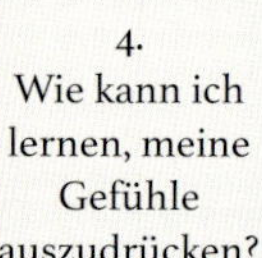

5.
Wie kann ich mir selbst treu bleiben?

6.
Welche Lektionen lehrt mich die Wasser-mann-Zeit?

WASSERMANN

20. JANUAR – 18. FEBRUAR

MONDHAUS 25. und 26. **HAUS** Elftes
MANTRA „Ich weiß“ **MODALITÄT** Fest **POLARITÄT** Positiv

Edelsteine

Amazonit, Angelit, Aquamarin, Azurit, blauer Coelestin, Chrysopras, Fluorit, Magnetit.

Kräuter, Gewürze und Harze

Benzoe, Jasmin, Kava, Klette, Löwenzahn, Myrrhe, Rosmarin, Zaubernuss.

Positive Eigenschaften

Wassermänner sind intelligente, visionäre Denker, die für ihren geistreichen Verstand bekannt sind. Der Einfluss des Elements Luft zeigt sich in ihrer Freiheitsliebe und Unabhängigkeit, aber auch in ihrem Sinn für Erfindungen und Innovation. Sie gehen auch gern intellektuellen Tätigkeiten nach. Der traditionelle Herrscherplanet der Wassermänner ist der Saturn, dessen Einfluss sich besonders an der geistigen Disziplin dieses Sternzeichens bemerkbar macht. Aber auch der Uranus wirkt auf die Wassermänner ein, was ihr starkes soziales Bewusstsein erklärt. Sie haben einen humanitären Sinn und ihr Verhalten ist sehr menschenorientiert.

Dank dem Uranus sind Wassermänner auch unkonventionell und alles andere als Mauerblümchen. Sie fallen lieber auf, als sich der breiten Masse anzupassen. Wassermänner sind von Natur aus radikal und können sich mit dem gesellschaftlichen Mainstream oft nicht identifizieren. Trotzdem gelingt es ihnen, sich den Energien ihres Umfelds anzupassen.

Negative Eigenschaften

Wassermänner sind für ihre Intelligenz bekannt, aber ihr intellektuelles Streben lässt sie oft kühl und distanziert wirken. Emotionaler Ausdruck ist nicht ihre Stärke, sodass man meinen könnte, sie nähmen an der Welt um sie herum kaum Anteil. Mit Gefühlen tun sich die Wassermänner schwer und sie beschäftigen sich lieber mit Konzepten als mit Emotionen.

Als festes Zeichen (siehe Seite 46) hat der Wassermann unglaublich hohe Ansprüche. Das ist kein Problem, solange er sich im Gleichgewicht befindet. Aber fehlt die Balance, setzt er die Messlatte für andere Menschen oft unerreichbar hoch, was zu Konflikten, Groll und Entfremdung führen kann. Die Geisteshaltung des Wassermanns lässt keine Kompromisse zu. Generell neigt dieses Sternzeichen dazu, unberechenbar und temperamentvoll zu sein.

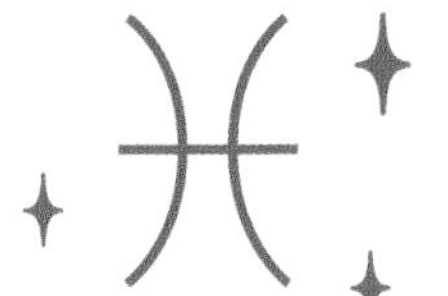

FISCHE

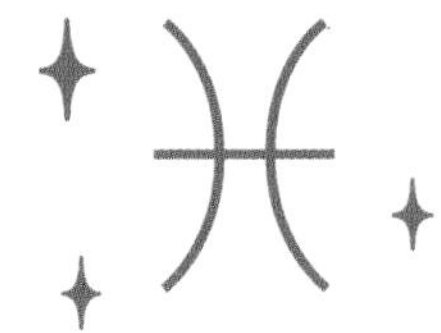

19. FEBRUAR – 20. MÄRZ

MONDHAUS 27. und 28. **HAUS** Zwölftes
MANTRA „Ich glaube“ **MODALITÄT** Beweglich **POLARITÄT** Negativ

Edelsteine

Amethyst, Ametrin, blauer Chalzedon, Karneol, Labradorit, Lapislazuli, Lepidolith, Sodalith.

Kräuter und Gewürze

Basilikum, Beifuß, Borretsch, Engelwurz, Ingwer, Oregano, Vogelmiere, Winde.

Positive Eigenschaften

Die Fische bilden das letzte Zeichen im Tierkreis. Sie gelten als freundlich, großzügig und mitfühlend. Der Einfluss der Herrscherplaneten Neptun und Jupiter sorgt dafür, dass sie stets hilfsbereit sind. Als Wasserzeichen sind Fische kreativ und haben eine lebhafte Vorstellungskraft. Die bewegliche Modalität (siehe Seite 47) macht es ihnen leicht, das Leben so zu nehmen, wie es kommt. Fische gehören zu den Sternzeichen mit der besten Intuition, wodurch sie auch sehr empathisch sind und in starker Resonanz mit ihren Gefühlen stehen. Sie haben eine hohe emotionale Intelligenz und können andere Menschen wertfrei akzeptieren. Fischen ist es wichtig, höhere Ziele zu verfolgen, darum schlagen sie oft einen spirituellen Weg ein – auch hier macht sich der Einfluss des Jupiters bemerkbar. Sie spüren eine tiefe Verbindung zum Universum, wodurch sie sich oft wie weise, alte Seelen fühlen.

Negative Eigenschaften

Als das gütigste aller Tierkreiszeichen behandeln Fische die Probleme anderer, als wären sie ihre eigenen, wodurch sie sich aber manchmal überfordert oder ausgelaugt fühlen. Das wird noch verstärkt, wenn die einfühlsamen Fische zu viele Fremdenergien aufnehmen, ohne ihre eigene Aura ausreichend zu schützen. Sie helfen anderen auf ihre Kosten und stellen ihre Bedürfnisse hinten an. Ihre Selbstlosigkeit macht sie anfällig, ausgenutzt zu werden, was dann wiederum ihr Selbstvertrauen negativ beeinträchtigt.

Unter Stress neigen Fische dazu, ihre Probleme mit allen Mitteln zu ignorieren, statt nach einer Lösung zu suchen. Tagträume und gedankliche Realitätsflucht sind typisch für dieses Sternzeichen, das gern die Augen vor der Wirklichkeit verschließt. Fische sind gutgläubig, manchmal zu gutgläubig. Oft schenken sie ihr Vertrauen den falschen Personen und werden dann von diesen verletzt.

FARBEN
Weiß, Violet

SYMBOL
Der Fisch

ELEMENT
Wasser

FISCHE

TAROTKARTE
Der Mond

HERRSCHERPLANET
Jupiter und Neptun

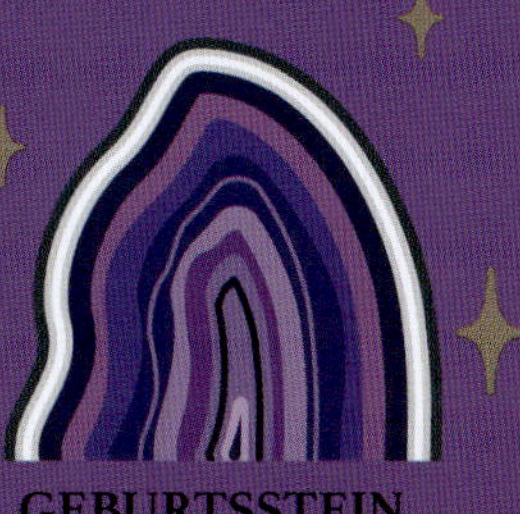

GEBURTSSTEIN
Amethyst

1. Welche Karte beschreibt, wo ich im Leben gerade stehe?
2. In welchen Lebensbereich stecke ich zu viel Energie?
3. Wie kann ich meine eigene Energie schützen?
4. In welchen Bereichen muss ich mich besser um mich kümmern?
5. Wie kann ich mehr Selbstvertrauen anziehen?
6. Welchen Problemen gehe ich aus dem Weg?
7. Wie kann ich am besten mit ihnen umgehen?
8. Welche Lektionen lehrt mich die Fische-Zeit?

3

ELEMENTE, MODALITÄT UND POLARITÄT

Nachdem wir die 12 Tierkreiszeichen betrachtet haben, beschäftigen wir uns nun mit einem weiteren Bereich der Astrologie. Kennen Sie das Element, die Modalität und die Polarität, die ihrem Sternzeichen zugeordnet werden, können Sie noch mehr aus Ihrem Geburtshoroskop herauslesen.

Die Modalität (manchmal auch Qualität oder Quadruplizität), die Polarität und die dazugehörigen Elemente bilden die drei astrologischen Klassifizierungen, mit deren Hilfe man die energetischen Unterschiede zwischen den 12 Sternzeichen definieren kann. Sie ermöglichen es uns, noch tiefer in unser Geburtshoroskop einzutauchen. Die Kombination dieser drei Kategorien zeigt uns die größeren Zusammenhänge in der energetischen Dynamik der 12 Sternzeichen auf und verrät, wie sie sich auf unser Wesen und Verhalten sowie auf unsere Interaktion mit unserem Umfeld auswirken.

Die Modalität jedes Sternzeichens bezieht sich auf seine Position, die entweder am Anfang, in der Mitte oder am Ende seiner entsprechenden Jahreszeit liegen kann. Die 12 Tierkreiszeichen werden den vier Jahreszeiten wie folgt zugeordnet: Frühling (Widder, Stier und Zwillinge), Sommer (Krebs, Löwe und Jungfrau), Herbst (Waage, Skorpion und Schütze) und Winter (Steinbock, Wassermann und Fische).

Die Elemente Erde, Luft, Feuer und Wasser verraten uns, in welcher Form sich die Energie jedes Sternzeichens manifestiert. Sie geben uns Aufschluss darüber, wie wir die Realität wahrnehmen und wie wir uns verhalten. Erde und Wasser haben eine (weibliche) Yin-Energie, während Feuer und Luft eine (männliche) Yang-Energie besitzen. Schließlich erfahren wir über die Polarität, die positiv oder negativ sein kann, wie sich ein Sternzeichen zu anderen Menschen verhält und wohin es seine Energie von Natur aus richtet.

DIE MODALITÄTEN

KARDINALZEICHEN

Die Kardinalzeichen werden mit Handlung in Verbindung gebracht. Sie gelten als die aktivsten Tierkreiszeichen, die Impulse für Veränderungen und Bewegung setzen. Es sind die Kardinalzeichen, die originelle Ideen haben und neue Pläne schmieden. Sie sind geborene Anführer und passen sich ihrem Umfeld geschickt an. Widder, Krebs, Waage und Steinbock sind allesamt Kardinalzeichen, aber jedes hat eine andere Art zu führen und zu leben. Das liegt daran, dass die Kardinalzeichen immer am Beginn einer Jahreszeit stehen – Widder zu Frühlingsbeginn, Krebs zu Sommerbeginn, Waage zu Herbstbeginn und Steinbock zu Winterbeginn. Aus diesem Grund werden die Kardinalzeichen auch mit der Energie von Neuanfängen assoziiert.

Das forsche Auftreten der Kardinalzeichen kann manchmal ein wenig aggressiv wirken. Aber diese Zeichen sind auch kreativ und motiviert und schätzen ihre Unabhängigkeit. Man muss beachten, dass sich das Kardinalzeichen auch auf die Planeten im Geburtshoroskop auswirkt und deren Eigenschaften und Energien aktiviert und verstärkt. Steht beispielsweise ein energiereicher Planet wie der Mars in einem Kardinalzeichen, wird er stärker aktiviert als ein „ruhigerer" Planet, wie etwa Uranus (mehr dazu auf Seite 75).

Kardinale Sternzeichen

Widder, Krebs, Waage und Steinbock.

Astrologische Häuser

1, 4, 7 und 10.

Assoziationen:

Handlung, Bewegung, Motivation, Durchsetzungsvermögen, Neuanfang, Anstoß.

FESTE ZEICHEN

Die festen Zeichen im Tierkreis kommen mit Veränderungen nicht gut klar. Stier, Löwe, Skorpion und Wassermann brauchen Routine und Stabilität, um zu gedeihen. Schon das Wort „fest" offenbart, wie unflexibel sie sind. Sie können nur schwer loslassen, egal, ob es sich um Meinungen, Probleme, Personen oder Ideen handelt.

Feste Zeichen sind in der Regel vernünftig, loyal und bodenständig. Sie führen die Energie der Kardinalzeichen fort. Die Kardinalzeichen geben Impulse und die festen Zeichen, die sehr strukturiert sind, wandeln diese Impulse in etwas Konkretes um. Sie bringen Stabilität in den Tierkreis und verbinden Menschen, können aber auch auf ihren Plan so fixiert sein, dass sie das große Ganze aus den Augen verlieren. Stehen mehrere Himmelskörper in Ihrem Geburtshoroskop in festen Zeichen, haben Sie wahrscheinlich eine beständige, zuverlässige Persönlichkeit. Diese Platzierung bringt manchmal Stabilität, kann aber auch Probleme verursachen: Steht etwa ein hochenergetischer Planet wie der Mars in einem festen Zeichen, offenbaren sich unter Umständen seine schlechtesten Eigenschaften.

Feste Sternzeichen

Stier, Löwe, Skorpion und Wassermann.

Astrologische Häuser

2, 5, 8 und 11

Assoziationen:

Stabilität, Starre, Erdung, Loyalität, Zuverlässigkeit, Beständigkeit, Ordnung.

BEWEGLICHE ZEICHEN

Die beweglichen Zeichen stehen am Ende jeder Jahreszeit: Zwillinge am Frühlingsende, Jungfrau am Sommerende, Schütze am Herbstende und Fische am Winterende. Darum haben diese Zeichen auch eine Energie des Abschlusses. Mit Veränderungen können sie gut umgehen, da sie sich an neue Umstände problemlos anpassen und diese sogar begrüßen, da sie ungern lang an einem Ort oder in derselben Situation bleiben.

Bewegliche Zeichen sind gute Kommunikatoren und Teamworker. Sie gelten als die einfallsreichsten der 12 Sternzeichen, denn sie können scheinbar aus dem Nichts etwas erschaffen und erfüllen immer alle Anforderungen. Sie sind Philosophen und Denker, die erst urteilen, wenn sie über genügend Informationen verfügen, um ihre Ansichten beweiskräftig zu stützen.

Andererseits können bewegliche Zeichen auch rastlos, instabil und ängstlich sein, da sie für gewöhnlich keinen konkreten Plan haben, wie sie vorgehen sollen. Aus diesem Grund sind sie oft unbeständig. Steht ein hochenergetischer Planet wie der Mars in den beweglichen Zeichen eines Geburtshoroskops, wird er in der Regel nicht davon beeinflusst, da diese Planeten von ihrer eigenen, klar definierten Energie angetrieben werden. Niederenergetische Planeten werden jedoch sehr wohl beeinträchtigt und erzeugen unberechenbare Energien und innere Konflikte.

Bewegliche Sternzeichen

Zwillinge, Jungfrau, Schütze und Fische.

Astrologische Häuser

3, 6, 9 und 12

Assoziationen:

Ende, Veränderung, Anpassungsfähigkeit, Flexibilität, Rastlosigkeit, Vielseitigkeit.

ERD-
Zeichen

Das Element Erde steht für Stabilität und dem festen Fundament, auf dem wir stehen. Erdzeichen sind bodenständiger als die anderen Sternzeichen und sie müssen sich sicher und geborgen fühlen, um zu gedeihen. Sie sind fleißig und packen richtig an, denn sie wissen, dass harte Arbeit zum Erfolg führt. Um ihre Ziele zu erreichen, lassen sie sich Zeit, denn sie haben Geduld, Ausdauer und Hingabe. Erdzeichen denken logisch, neigen aber dazu, dem Materiellen zu viel Wert beizumessen. Sie sind pflicht- und verantwortungsbewusst, was bedeutet, dass man ihnen vertrauen kann – auf ihr Wort ist Verlass. Ihre Ansichten sind eher konservativ und Risiken gehen sie nur ungern ein. Dennoch sind sie alles andere als langweilig.

Erdzeichen, die nicht im Gleichgewicht sind, sträuben sich gegen Veränderungen und halten dickköpfig an etwas fest, auch wenn sie wissen, dass sie im Unrecht sind. Je mehr Planeten sich im Geburtshoroskop in Erdzeichen befinden, desto beständiger ist die betreffende Persönlichkeit. Menschen, bei denen nur wenige oder keine Planeten in den Erdzeichen auftauchen, neigen zu unvernünftigem und unlogischem Denken.

Tierkreiszeichen
Stier, Jungfrau und Steinbock

Herrscherplanet
Saturn

Himmelsrichtung
Norden

Astrologische Häuser
2, 6 und 10

Polarität
Negativ

Qualitäten
Stabil, sicher, geerdet, pragmatisch, verlässlich, loyal, materialistisch.

DIE ERDE
FORMT
UNS

LUFT-Zeichen

Das Element Luft wird in erster Linie mit Kommunikation und geistigen Aktivitäten assoziiert. Luftzeichen haben eine schnelle Auffassungsgabe und gelten als wortgewandt, intelligent und neugierig. Sie knüpfen besondere Bindungen, da sie umgänglich und kontaktfreudig sind. Das Element Luft steht für frischen Wind und Bewegung. Luftzeichen lieben es, ihr Wissen zu erweitern, vor allem durch persönliche Erfahrung. Sie haben ein gutes Gedächtnis und saugen alle Arten von Informationen auf wie ein Schwamm. Luft ist allgegenwärtig und verbindet alles, darum erkennen die Luftzeichen das große Ganze besser als die anderen Tierkreiszeichen.

Unausgeglichene Tierzeichen können emotional distanziert sein, da sie auf ihren Verstand statt auf ihr Herz hören. Sie neigen zu Ängstlichkeit und Rastlosigkeit. Oft fällt es ihnen schwer, sich zu konzentrieren. Je mehr Planeten in Ihrem Geburtshoroskop in Luftzeichen stehen, desto besser sind Ihre kommunikativen Fähigkeiten. Luftzeichen sind extrem wissbegierig und schlagen häufig eine akademische Laufbahn ein.

Tierkreiszeichen
Zwillinge, Waage und Wassermann

Herrscherplanet
Merkur und Uranus

Himmelsrichtung
Osten

Astrologische Häuser
3, 7 und 11

Polarität
Positiv

Qualitäten
Kommunikation, Intellekt, Bewegung, Innovation, Inspiration, Idealismus, Erkenntnisgewinn.

DIE LUFT
VERBINDET
UNS

DAS FEUER
VERWANDELT
UNS

FEUER-
Zeichen

Das Element Feuer steht für Wärme, Energie und Leben. Feuerzeichen sind in der Regel kreativ und brauchen Freiheit, um zu gedeihen. Oft sind sie auch egozentrisch und genießen die Aufmerksamkeit anderer. Feuer ist das Element der Aktivität, das den Wunsch nach kontinuierlichem Wachstum verkörpert. Die Kraft der Flammen kann man nicht ignorieren, genau wie dieses Element des Feuers.

Personen, bei denen im Geburtshoroskop viele Planeten in Feuerzeichen stehen, sind meist sehr temperamentvoll und scheinen unendliche Energie und Motivation zu haben, neigen manchmal aber auch zu Jähzorn, Hochmut, Eitelkeit und Gereiztheit. Feuerzeichen haben außerdem die Fähigkeit, schnell zu denken, um Hindernisse zu überwinden. Menschen, in deren Geburtsdiagramm nur wenige Planeten in Feuerzeichen stehen, fehlt es oft an Selbstbewusstsein, Mut und einer allgemeinen Begeisterung für das Leben. Dafür sind sie weniger aggressiv und aufbrausend.

Tierkreiszeichen

Widder, Löwe und Schütze

Herrscherplaneten

Sonne, Mars und Jupiter

Himmelsrichtung

Süden

Astrologische Häuser

1, 5 und 9

Polarität

Positiv

Qualitäten

Kreativität, Mut, Transformation, Inspiration, Selbstvertrauen, Stärke, Leben, Begeisterung.

WASSER-
Zeichen

Das Element Wasser steht für Bewegung, Fließen und Kraft und wird vorwiegend mit unseren Gefühlen assoziiert. Wasserzeichen sind sehr sensibel und daher empfänglich für die Emotionen anderer. Ihr Einfühlungsvermögen bedeutet jedoch auch, dass sie die Gefühle anderer absorbieren und sich davon überwältigt fühlen können. Dann entfliehen sie aus der Realität in eine Fantasiewelt. Sie haben eine gute Intuition und ein verlässliches Bauchgefühl, was sie häufig auf kreative und künstlerische Weise ausdrücken. Oft sind Wasserzeichen zurückhaltend und sogar schüchtern. Lieber treffen sie sich mit ihren Freunden und verbringen Zeit mit ihrer Familie, als neue Menschen kennenzulernen.

Die Stimmungswechsel der Wasserzeichen spiegeln den Hub der Gezeiten wider. Aber wie ein stilles Gewässer können sie auch Phasen tiefer Reflexion durchleben. Wer im Geburtshoroskop viele Himmelskörper in Wasserzeichen stehen hat, ist oft übermäßig gefühlsbestimmt, impulsiv und hedonistisch. Menschen, die wenige Planeten in diesen Zeichen aufweisen, neigen eher dazu, emotional distanziert und empathielos zu sein. Da sie nicht so intensive Gefühle empfinden, haben sie keinen so starken Draht zu ihrer Intuition.

Tierkreiszeichen
Krebs, Skorpion und Fische

Herrscherplaneten
Mond, Neptun

Himmelsrichtung
Westen

Astrologischen Häuser
4, 8 und 12

Polarität
Negativ

Qualitäten
Reinigend, Läuterung, Intuition, Fließen, Emotionen, mitfühlend, empathisch, künstlerisch.

DAS WASSER
BEWEGT
UNS

DIE POLARITÄTEN

Alle 12 Tierkreiszeichen werden einer Polarität zugeordnet, das heißt, sie sind entweder positiv oder negativ geladen. Das bedeutet aber nicht, dass die negativen Zeichen „schlecht“ und die positiven „gut“ sind. Sie haben einfach unterschiedliche Qualitäten. Denken Sie an eine Batterie, die einen positiv und einen negativ geladenen Pol hat. Wenn Sie die Polarität der Zeichen in Ihrem Geburtshoroskop kennen, werden Sie ihre verschiedenen Eigenschaften besser verstehen können.

POSITIVE ZEICHEN

Sternzeichen mit einer positiven Polarität sind extrovertiert, gesellig, aktiv und voller Energie. Oft haben sie eine dynamische, forsche Persönlichkeit, die mehr nach außen als nach innen gerichtet ist. Stehen mehr als die Hälfte der Himmelskörper im Geburtshoroskop in positiven Zeichen, kann das zu einem dominanten Wesenszug führen. Dann braucht die Person viel Anerkennung und tritt energisch auf. Viele Planeten in positiven Zeichen kann bedeuten, dass man emotionale Themen schneller verarbeitet und abschließt. Die Planeten werden von der Polarität ihrer Position beeinflusst. Zum Beispiel wird der Kriegsplanet Mars mit Aggressivität in Verbindung gebracht, aber wenn er in einem positiven Zeichen steht, kann er auch schützend und verteidigend wirken.

Positive Sternzeichen (von stark bis schwach positiv):

Widder, Waage, Löwe, Zwillinge, Schütze, Wassermann

Elemente

Feuer und Luft

Qualitäten

Extrovertiert, gesellig, spontan, männliche Energie, Selbstausdruck, dominant.

NEGATIVE ZEICHEN

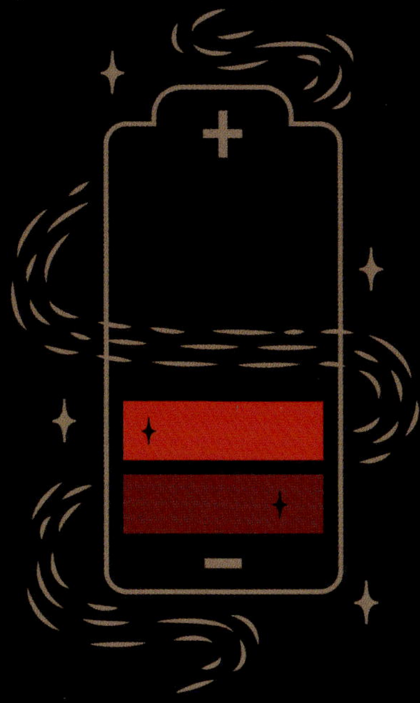

Negative Zeichen sind der energetische Gegenpol zu den positiven Zeichen: introvertiert, verschlossen und nachdenklich. Im Gegensatz zu den positiven Zeichen sind sie mehr nach innen als nach außen gekehrt. Ihre Verbindung zu den Elementen Wasser und Erde macht sie äußerst empfänglich für die Energien in ihrem Umfeld und sie nehmen die Gefühle anderer wahr. Negative Zeichen sind konservativer und weniger risikofreudig als ihre positiven Pendants. Menschen, bei denen viele Planeten im Geburtshoroskop in negativen Zeichen stehen, sind in der Regel eher introvertiert und passiv. Manchmal weisen sie eine gewisse Autoritätshörigkeit auf, was ihre Selbstverwirklichung beeinträchtigt. Planeten, die in negativen Zeichen im Horoskop stehen, werden von diesen beeinflusst. Stehen etwa Venus und Mars in einem negativen Zeichen, sind Gefühle ein wichtiges Thema und die betreffende Person kann mitunter überempfindlich sein.

Negative Sternzeichen (von stark bis schwach positiv):

Stier, Krebs, Jungfrau, Skorpion, Steinbock, Fische

Elemente

Erde und Wasser

Qualitäten

Introvertiert, passiv, unterwürfig, weibliche Energie, Selbstunterdrückung, empfänglich.

4

DIE PLANETEN

Zu den grundlegenden Elementen des Geburtshoroskops und der Astrologie im Allgemeinen gehören die Erde, die anderen acht Planeten (Merkur, Venus, Mars, Jupiter, Saturn, Uranus, Neptun und der Zwergplanet Pluto), die Sonne, der Mond sowie der aufsteigende und der absteigende Mondknoten.

Diese Himmelskörper stehen im Geburtsdiagramm jedes Menschen. Je nachdem, in welchem Tierkreiszeichen sie sich zum Zeitpunkt der Geburt befinden, repräsentieren sie unterschiedliche Aspekte unserer Persönlichkeit und jeder bringt seine ganz eigene Energie mit sich. Die Position der Planeten ist der Schlüssel, um zu verstehen, warum wir so sind, wie wir sind.

Astrologen unterteilen die Planeten in mehrere Kategorien: die Lichter sowie die persönlichen, die sozialen und die überpersönlichen Planeten. Die Lichter sind die Sonne und der Mond, die keine Planeten sind, aber die beiden einflussreichsten Gestirne. Zu den persönlichen Planeten gehören Merkur, Venus und Mars. Aufgrund ihrer kürzeren Umlaufbahn bewegen sie sich schneller durch den Tierkreis und wirken daher stärker auf unser Leben, unsere Stimmung und unser Verhalten ein. Die sozialen Planeten Jupiter und Saturn verkörpern alles, was wir integrieren und harmonisieren müssen, um funktionierende Mitglieder der Gesellschaft zu sein. Die überpersönlichen Planeten Uranus, Neptun und Pluto beeinflussen unser Leben im weitesten Sinne und über längere Zeit, oft über eine ganze Generation hinweg.

Die Mondknoten sind keine Objekte, sondern mathematische Punkte auf dem Diagramm, die in zwei gegensätzliche Sternzeichen fallen und Aufschluss über den Lebenszweck geben. Dieses Kapitel beschreibt die Lichter, die Planeten, die Mondknoten und die dazugehörigen Korrespondenzen, damit Sie die Energie dieser Himmelskörper für Ihre Magie anzapfen können.

DIE SONNE

Die meisten Menschen kennen ihr Sonnenzeichen (also ihr Sternzeichen) und das genügt auch, um allgemein gehaltene Horoskope im Internet oder in Zeitungen und Zeitschriften zu lesen. Es ist das wichtigste Element im Geburtshoroskop, das den Kern Ihres Wesen beschreibt. Die Sonne, um die jeder Himmelskörper in unserem Sonnensystem kreist, ist auch im Horoskop das zentrale Gestirn.

Sie braucht ein Jahr, um alle 12 Tierkreiszeichen zu passieren und herrscht über den Löwen, das Zeichen des Herzens. Die Sonne verkörpert die Persönlichkeit, die Identität und den Lebenszweck eines Menschen. Sie steht auch für unseren Selbstausdruck, doch welche Form er annimmt, hängt davon ab, in welchen Sternzeichen und Häusern im Geburtshoroskop die Sonne steht. Er manifestiert sich durch die Eigenschaften Ihres Sonnenzeichens. Ist das zum Beispiel der Stier, dann drücken Sie sich auf praktische Weise aus und sind zuverlässig und bodenständig.

Die Sonne symbolisiert unser Ego und unsere Selbstachtung, aber auch, wie wir uns selbst sehen und wie wir andere Menschen wahrnehmen und mit ihnen umgehen. Sie offenbart, was uns motiviert, energetisiert und vorantreibt. Die männliche Energie der Sonne wird auch mit Gesundheit und unserer Lebenskraft assoziiert. Wie sich das konkret zeigt, hängt jedoch vom dazugehörigen Sternzeichen ab. Steht die Sonne etwa in einem der Feuerzeichen (Widder, Schütze und ganz besonders Löwe), kann das auf eine hochmotivierte Person voller Energie hinweisen.

Ohne dem Licht und der Wärme der Sonne gäbe es auf der Erde kein Leben. Aus der Sonne beziehen wir unsere Energie und unsere Schaffenskraft. Darum schauen sich Astrologen in einem Geburtshoroskop zuallererst die Sonne an, denn sie bildet die Grundlage, auf der die anderen Elemente gedeutet werden. Das Sonnenzeichen definiert das Wesen unserer Persönlichkeit.

SYMBOL
Der Kreis symbolisiert Geist und Lebensenergie.
Der Punkt steht für den göttlichen Funken,
der in uns allen ist.

FARBEN
Gelb, Orange, Gold

HERRSCHT ÜBER DAS ZEICHEN
Löwe

DIE SONNE

ASSOZIATIONEN
Das Selbst, Ego, Leben, Vitalität, Schöpfung, Inspiration, Kraft, Selbstausdruck, Identität, Persönlichkeit, Selbstachtung, Energie, Freude, Antrieb, Motivation

STEINE
Augentrost, Bernstein, Granat, Jaspis, Kopal, Peridot, Pyrit, Quarz, Zitrin

KRÄUTER, PFLANZEN UND HARZE
Benzoe, Kamille, Lorbeer, Ringelblume, Rosmarin, Sandelholz, Sonnenblume, Sonnenstein, Tigerauge, Wacholder, Zeder

TAROTKARTE
Die Sonne

DER MOND

Der Mond steht in erster Linie für unser Ich und unsere Emotionen. Er ist nach dem Sonnenzeichen das zweitwichtigste Element im Horoskop, da er unsere innere Welt verkörpert sowie die Art, wie wir sie nach außen zeigen. Er offenbart unsere Gefühle, Ängste und Wünsche und beeinflusst, wie stark wir die Eigenschaften unseres Sonnenzeichens ausdrücken, allerdings aus der Perspektive der Emotionen.

Da der Mond über das Sternzeichen Krebs herrscht, wird sein Einfluss auf unsere Gefühle noch verstärkt. Er zeigt uns auf, was wir wollen, aber auch was wir auf emotionaler Ebene brauchen. Wie sich das manifestiert, hängt davon ab, in welchem Tierkreiszeichen der Mond zum Zeitpunkt Ihrer Geburt stand, da er sich auf jedes Zeichen anders auswirkt.

Der Mond bewegt sich relativ schnell durch die 12 Tierkreiszeichen. Er braucht 28 Tage, um die Erde zu umrunden, und verbringt in jedem Zeichen 2,5 Tage. Sein Wesen ist wechselhaft, was sich direkt auf unsere Stimmung auswirkt, aber auch auf unsere Art, wie wir unser Umfeld wahrnehmen und darauf reagieren. Die Veränderlichkeit des Mondes verbindet ihn mit dem menschlichen Grundbedürfnis für emotionale Sicherheit in einer sich ständig verändernden Welt. Der Mond zeigt uns, wie wir diese Sicherheit suchen und finden, und wo wir sie spüren.

Darüber hinaus ist der Mond auch mit dem unbewussten Denken verknüpft, etwa mit den Gewohnheiten, die wir uns aneignen, ohne es zu beabsichtigen. Wir alle nehmen automatisch Gedanken, Ideen und Verhaltensweisen von anderen an und der Mond bringt sie ans Licht. Auch mit unseren Erinnerungen und der Vergangenheit ist der Mond verbunden und zeigt uns, wo wir waren, wie wir uns emotional entwickelt haben und welche Stärken und Schwächen wir von der Familie geerbt haben. Vor allem aber macht er uns bewusst, wie sich diese Faktoren auf unser gegenwärtiges Leben auswirken.

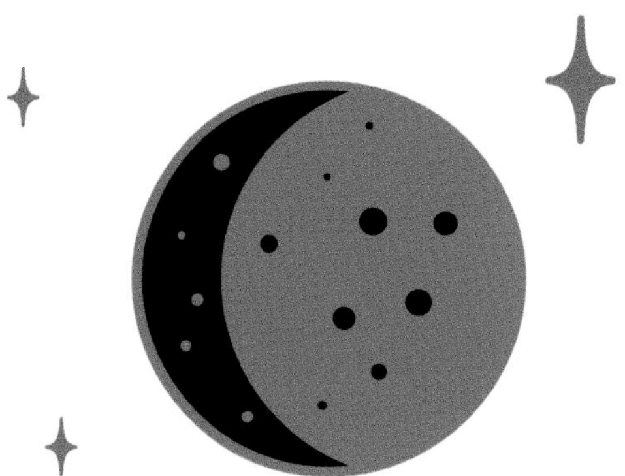

SYMBOL
Die Mondsichel
FARBEN
Weiß, Silber,
Grau, Cremefarben
HERRSCHT ÜBER DAS
ZEICHEN
Krebs
DER MOND
ASSOZIATIONEN
Emotionen, Intuition, Gefühle, Empfänglichkeit,
Reflexion, Instinkt, Reaktion,
Unterbewusstsein, Vergangenheit, Erinnerungen,
weibliche Energiey
STEINE
Aquamarin, Bergkristall,
Chalzedon, Kaktusquarz, Mondstein,
Opal, Selenit
KRÄUTER, PFLANZEN UND BÄUME
Aloe Vera, Eukalyptus, Jasmin,
Lilie, Malve, Melisse,
Mohn, Vogelmiere, Weide
TAROTKARTE
Die Hohepriesterin

SYMBOL
Bote der Götter
FARBEN
Grün, Orange, Hellblau
HERRSCHT ÜBER DAS ZEICHEN
Zwillinge und Jungrau
MERKUR
ASSOZIATIONEN
Kommunikation, Wissen, Verstand, Gedanken, Logik, Muster, Wortgewandtheit, Koordination, Sprechen, Schreiben, Intelligenz, Wahrnehmungn
STEINE
Achat, Aventurin, blauer Streifenchalzedon, Chrysokoll, Fluorit, Kaktusquarz, Kyanit, Moldavit
KRÄUTER, GEWÜRZE UND PFLANZEN
Adlerfarn (Achtung: giftig), Dill, Kümmel, Lavendel, Majoran, Minze, Petersilie, Pfefferminze, Sternanis, Thymian, Waldmeister, Zimt, Zitronengras
TAROTKARTE
Der Magier

MERKUR

Merkur ist der kleinste Planet und steht der Sonne am nächsten. Er wurde nach dem geflügelten römischen Götterboten benannt, der in der griechischen Mythologie Hermes heißt. Der Merkur ist ein Symbol für das Überbringen von Nachrichten und steht für Kommunikation und den Verstand, also für unsere gedanklichen Prozesse und Muster – wie wir die Welt verstehen, wie unser Gehirn Ideen bildet und wie wir diese anderen Menschen vermitteln.

Der Merkur offenbart unsere kommunikativen Stärken und Schwächen. Eine gute Gelegenheit, zu reflektieren, wie wir mit anderen sprechen, und unsere eigenen Grenzen zu stärken. Jedes Sternzeichen hat eine andere Art, sich auszudrücken, darum ist es wichtig, zu wissen, in welchem Zeichen der Merkur in Ihrem Geburtshoroskop steht. Steht er beispielsweise in der Waage, prägt er eine gerechte und logische Kommunikation, während Merkur im Krebs bedeutet, dass man sich wahrscheinlich emotionaler ausdrückt.

Der Merkur herrscht über die Tierkreiszeichen Zwillinge und Jungfrau. Ersteres ist ein Luftzeichen, das Ideen und Inspirationen bringt. Das zweite ist ein verankerndes, pragmatisches Erdzeichen. Das Element Erde beeinflusst den Merkur, indem es seine Verbindung zu praktischen Eigenschaften wie dem logischen Denken und Schlussfolgern stärkt. Das Element Luft bereichert die Domäne des Merkur mit Intelligenz und schneller Auffassungsgabe. Wie man kommuniziert ist genauso wichtig wie das Kommunizieren selbst – das ist der Einfluss der pragmatischen, praktischen Erde. Die genaue Art und Weise, wie wir das machen, wird von unserem Sonnenzeichen beeinflusst. Somit steht der Merkur nicht nur für die Kommunikation an sich, sondern auch für ihre Methoden, wie etwa das Sprechen und das Schreiben (auf Papier oder im digitalen Raum).

Der Merkur benötigt für seinen Umlauf um die Sonne rund 88 Tage und bleibt etwa drei Wochen in jedem Tierkreiszeichen. Drei- bis viermal im Jahr ist er rückläufig, was zu zahlreichen Kommunikationsproblemen führen kann (siehe Seite 126).

SYMBOL
Göttin der Liebe

FARBEN
Rosa, Weiß,
Grauweiß

HERRSCHT ÜBER DAS ZEICHEN
Stier und Waage

VENUS

ASSOZIATIONEN
Liebe, Schönheit, Harmonie, Werte, Anziehung,
Vergnügen, Zuneigung, Gleichgewicht, Geld,
Zufriedenheit, Erfüllung

STEINE
Azurit, Chrysokoll, Kunzit,
Moldavit, Rosenquarz, Sandstein,
Smaragd

KRÄUTER UND PFLANZEN
Damiana, Gänseblümchen, Heidekraut
Hibiskus, Katzenminze, Klette, Mutterkra
Narzisse (Achtung: giftig), Rose,
Veilchenwurzel

TAROTKARTE
Die Herrscherin

VENUS

Venus ist der zweitnächste Planet zur Sonne in unserem Sonnensystem und wurde nach der römischen Göttin der Liebe und der Schönheit benannt. Nach der Sonne ist sie das hellste Objekt am Himmel. Sie symbolisiert unsere Fähigkeit, zu lieben – ob platonisch oder romantisch. Mit ihr verbindet man Harmonie und das Finden eines Gleichgewichts in allem, was wir tun. Ein Schwerpunkt ist die Zufriedenheit, darum kann uns die Venus im Geburtshoroskop den Weg zu mehr Erfüllung und Freude im Leben weisen und zeigt uns, wie wir dort hinkommen.

Die Venus herrscht über das Erdzeichen Stier. Sie ist bodenständig und möchte, dass wir das Schöne in unserem täglichen Leben erkennen und uns daran erfreuen. Der Stier verleiht der Energie der Venus eine genießerische Note, sodass es bei ihr um Lust und Freude für alle Sinne und auch um Selbstliebe geht. Er gibt ihr auch eine praktische, finanzielle Komponente. Venus offenbart nämlich auch unsere Beziehung zu Geld und die Rolle, die es in unserem Leben spielt.

Die Venus herrscht auch über das Luftzeichen Waage, weswegen sie mit Romantik und Liebesbeziehungen in Verbindung steht. Sie ist ein Symbol für die Liebe, die wir für andere empfinden. Das Venuszeichen kann Ihnen helfen, besser zu verstehen, was Ihnen in der Liebe wichtig ist, was Sie anzieht und wie Sie Zuneigung zeigen. Es verrät Ihnen Ihre persönliche Sprache der Liebe, also Ihre Fähigkeit, anderen nahe zu sein, und kann Sie so zu mehr Selbsterkenntnis führen. Das betrifft die Art, wie Sie lieben, aber auch, wie Sie Liebe empfangen. Stiere und Waagen haben als Sternzeichen nicht viel gemeinsam, aber beide haben eine Liebe für materielle Dinge. Darum wird die Venus auch mit der Freude und dem Gefallen an Besitz und Luxus assoziiert.

Die Venus braucht rund 225 Tage, um die Sonne einmal zu umkreisen. Sie verbringt fast 19 Tage in jedem Tierkreiszeichen. Aufgrund ihrer kürzeren Umlaufbahn (im Vergleich zu jener der Erde) ist die Venus ein einflussreicher Planet, im Gegensatz zu Uranus und Neptun zum Beispiel, die länger brauchen, um die Sonne zu umrunden, und viel mehr Zeit in jedem Zeichen verbringen.

MARS

Aufgrund seiner rötlichen Oberfläche wird der Mars auch der „rote Planet" genannt. Diese Farbe passt zu ihm, da er vorwiegend mit Tatkraft, Leidenschaft und Entschlossenheit in Verbindung gebracht wird.

Der Mars ist von der Sonne aus gesehen der vierte Planet in unserem Sonnensystem. Für einen Umlauf um die Sonne braucht er ungefähr zwei Jahre, wobei er in jedem Tierkreiszeichen sechs bis sieben Wochen bleibt. In welchem Zeichen der Mars in Ihrem Geburtshoroskop steht, verrät Ihnen, was Sie im Leben motiviert und was Sie wirklich begeistert. Wir brauchen diesen Antrieb für unser alltägliches Leben, aber auch, um durch das, was uns Freude macht, Erfüllung zu finden.

Der Mars ist ein schöpferischer, aber auch ein zerstörerischer Planet. Wir können seine mutwillig destruktive Energie in Ehrgeiz und Erfolgsstreben umwandeln, um Ziele zu erreichen, aber diese Energie kann sich auch in rücksichtslosem und egoistischem Verhalten manifestieren. Kein Wunder, dass der Mars nach dem römischen Kriegsgott benannt ist. (Sein griechisches Gegenstück ist Ares.) Er herrscht über das Sternzeichen Widder und sein kraftvolles Wesen hilft Ihnen, zu verstehen, auf welche Weise Sie sich behaupten und wie Sie mit Wut und Aggressionen umgehen, wenn Sie diese Gefühle verspüren.

Der Mars ist der Nebenherrscher über das Sternzeichen Skorpion und steht daher auch mit Lust und Sexualität in Verbindung. Das Mars-Zeichen offenbart unsere sexuellen Wünsche und wie wir sie ausdrücken, unsere Libido, was wir anziehend finden und was uns erregt. Während die Venus beeinflusst, wen wir lieben, bestimmt der Mars, wie sich das durch unsere Sexualität manifestiert.

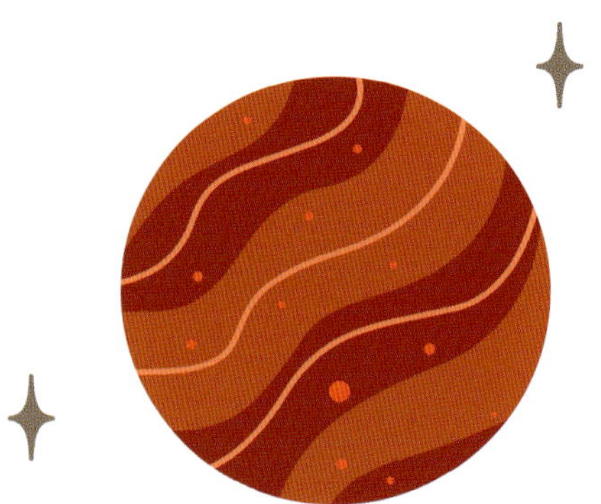

SYMBOL
Der Schild und der Speer des Kriegsgottes.
Auch das Symbol für „männlich".

HERRSCHT ÜBER DAS ZEICHEN
Widder und Skorpion

FARBE
Rot

MARS

ASSOZIATIONEN
Tatkraft, Wille, Leidenschaft, Antrieb, Entschlossenheit, Lust, Sexualität, Aggression, schöpferisch, zerstörerisch, Zorn

STEINE
Granat, Hämatit, Heliotrop, Karneol, Rhodochrosit, roter Jaspis, Rubin

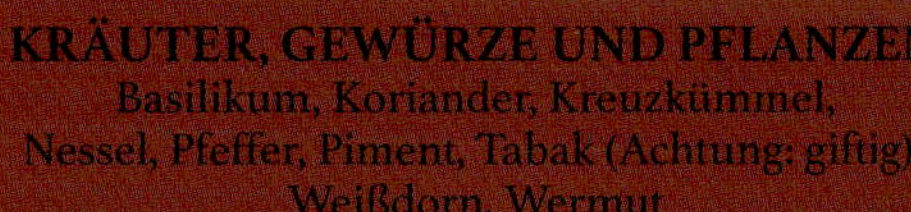

KRÄUTER, GEWÜRZE UND PFLANZEN
Basilikum, Koriander, Kreuzkümmel, Nessel, Pfeffer, Piment, Tabak (Achtung: giftig), Weißdorn, Wermut

TAROTKARTE
Der Trum

JUPITER

Jupiter wird mit Glück assoziiert und deshalb auch „der große Wohltäter" genannt. Er steht für Ausdehnung und Wachstum. Er zeigt uns unsere Schwächen, aber auf eine positive Weise, damit wir aus ihnen lernen und uns weiterentwickeln können.

Der Jupiter ist der größte Planet in unserem Sonnensystem und der fünfte Planet von der Sonne aus gezählt. Er fördert unser Aufblühen als die Menschen, die wir wirklich sind. Darum wird er auch mit Optimismus und allem Positiven in Verbindung gebracht. Er hat die verblüffende Fähigkeit, allem eine positive Wendung zu geben. Das verbindet ihn mit Wohlstand, Glück und Fülle, aber auch mit dem Glücksspiel. Unser Jupiter-Zeichen kann uns verraten, wo und wie wir das Glück finden können, wenn wir es brauchen.

Als Planet, der mit Expansion verbunden wird, dominiert der Jupiter auch die höhere Bildung und den Drang, sich theoretisches Wissen anzueignen. Er ist der Herrscherplanet des Sternzeichens Fische und damit auch für spirituelles und religiöses Wachstum zuständig, sodass er prägt, woran wir glauben. Das Jupiter-Zeichen symbolisiert unseren Intellekt und unsere persönlichen Ideologien und Philosophien. Es hilft uns, zu verstehen, worin unsere Talente und Fähigkeiten liegen und wie wir sie am besten nutzen, um unser Wissen weiterzugeben. Außerdem kann es unseren Lebenszweck und seinen Ursprung offenbaren und uns sagen, was wir brauchen, um uns auf persönlicher Ebene weiterzuentwickeln. Der Jupiter ist der Nebenherrscher über das Sternzeichen Schütze, der uns animiert, unseren Horizont in Form von Reisen und Erkundungen zu erweitern.

Der Jupiter braucht rund 12 Jahre, um die Sonne zu umrunden. In jedem Tierkreiszeichen bleibt er etwa ein Jahr. Das heißt, er hilft uns von allen Planeten am meisten, wenn wir Pläne für das ganze Jahr schmieden und langfristige Ziele erreichen wollen.

SYMBOL
Der Vogel des römischen Gottes Jupiter: ein Adler.
Es kann auch für ein „Z“ stehen, dem Anfangsbuchstaben von Zeus, dem griechischen Gegenstück zu Jupiter.

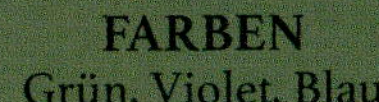

FARBEN
Grün, Violet, Blau

HERRSCHT ÜBER DAS ZEICHEN
Schütze, Fische

JUPITER

ASSOZIATIONEN
Ausdehnung, Fülle, Wachstum, Glück, Erfolg, Wohlstand, Wissen, Weisheit, Optimismus, Philosophie, Positivität, Macht, persönliche Ideologien

STEINE
Lapislazuli, Lepidolith, Sugilith, Topas, Türkis

KRÄUTER, GEWÜRZE UND PFLANZEN
Ampfer, Fingerkraut, Klee, Löwenzahn, Mädesüß, Muskat, Odermennig, Oregano, Salbei

TAROTKARTE
Das Rad des Schicksals

SYMBOL
Eine alte Sense oder Sichel.
FARBEN
Schwarz, Grau,
Grün, Braun
HERRSCHT ÜBER DAS ZEICHEN
Steinbock und
Wassermann
SATURN
ASSOZIATIONEN
Einschränkungen, Beschränkung, Ausdauer,
Fleiß, Grenzen, Kontrolle,
Disziplin, langfristig, Aufwand, Karma,
Entbehrung, Weisheit, Struktur, Ordnung
STEINE
Gagat, Hämatit, Kalzit,
Obsidian, Onyx, Rauchobsidian,
schwarzer Turmalin,
Serpentin
KRÄUTER, PFLANZEN UND BÄUM
Beinwell, Helmkraut,
Kava, Königskerze, Patschuli,
Schlehe, Tollkirsche (Achtung: giftig),
Weißwurz, Winde, Zypresse
TAROTKARTE
Der Tod

SATURN

Der Saturn gilt als schwieriger, unheilvoller Planet, da seine Energie kein leichter Umgang ist. Man nennt ihn darum auch „Vater Zeit". Trotzdem kann der Saturn auch einen positiven Einfluss ausüben.

Der Saturn ist der zweitgrößte und von der Sonne aus gesehen sechste Planet in unserem Sonnensystem. Er braucht 29,5 Jahre, um die Sonne zu umkreisen. In jedem Tierkreiszeichen verbringt er gut zwei Jahre, wodurch er eine langfristige Wirkung ausübt. Der Saturn steht für die Lektionen, die wir als Menschen lernen, vor allem für die lebenslangen. Wer sich die Energie des Saturn erschließt, öffnet ein Portal zu Wachstum und Persönlichkeitsentwicklung.

Das Saturn-Zeichen kann uns helfen, die Hindernisse, die diesem Wachstum noch im Weg stehen, zu erkennen und zu überwinden. Es beleuchtet Probleme, die immer wieder auftauchen, und unterstützt uns dabei, sich ihnen zu stellen und sie schließlich zu lösen, damit wir die beste Version unserer selbst entwickeln.

Der Saturn herrscht über die Sternzeichen Steinbock und Wassermann und wird meist mit Begrenzungen assoziiert. Während Jupiter hilft, uns auszudehnen, schränkt uns Saturn ein. Das klingt streng, doch diese Einschränkungen kommen in Form von Disziplin, Ordnung, Struktur, Engagement, Reife und Verantwortung. Sie sind nicht leicht anzunehmen, aber wer sich die Mühe macht, diese Bereiche zu meistern, wird mit Erfolg belohnt. Die Lektionen, die wir lernen müssen, sind normalerweise schwierig, aber mithilfe der Disziplin des Saturn können wir darin Erfüllung finden. Das Saturn-Zeichen sagt uns, wie geordnet wir sind und zeigt uns die Persönlichkeit, die wir uns hart erarbeitet haben. Beim Saturn gilt immer: Man erntet, was man sät.

SYMBOL
Das Kreuz (Materie) über dem Kreis (Geist).
Die beiden Halbkreise stehen für Empfänglichkeit.

FARBE
Leuchtendes Blau

HERRSCHT ÜBER DAS ZEICHEN
Wassermann

URANUS

ASSOZIATIONEN
Veränderung, Innovation, Individualismus,
Unabhängigkeit, Freiheit, Unterbrechung,
unerwartet, Rebellion, Originalität

STEINE
Aquamarin, Azurit,
Labradorit, Moldavit, Zirkon

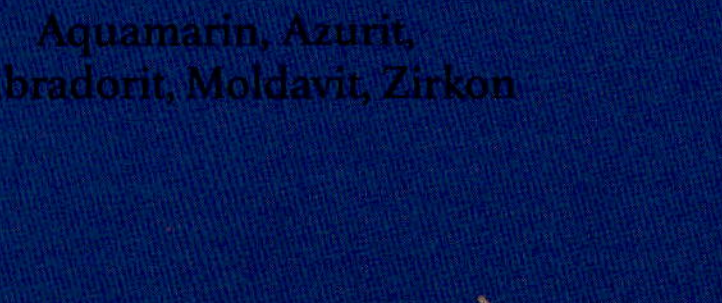

PFLANZEN, GEWÜRZE UND BÄUME
Baldrian, Kaffee, Kolanuss,
Muskat, Nelke,
Pinie, Sonnenhut, Zimt

TAROTKARTE
Der Narr

URANUS

Uranus wird auch „der Erwacher" genannt, da er plötzliche Veränderungen und Umbrüche herbeiführt. In welcher Form diese sich manifestieren, hängt davon ab, in welchem Tierkreiszeichen und Haus der Uranus steht.

Der Uranus ist der siebte Planet von der Sonne aus gezählt und nach dem griechischen Himmelsgott Ouranos benannt. Er braucht 84 Jahre, um die Sonne einmal zu umrunden, und verbringt in jedem Sternzeichen rund sieben Jahre. Da sein Umlauf um die Sonne so lang ist, spüren wir seine Auswirkungen nicht unmittelbar, sondern in einem längeren, umfassenderen Zeitrahmen – oft über eine ganze Generation.

Aufgrund seiner langsamen Bewegung wird seine Zeichenposition von vielen aus derselben Generation geteilt. Damit ist der Uranus der erste der überpersönlichen Planeten. Diese Planeten (neben Uranus noch Neptun und Pluto) bieten uns Chancen für langfristiges Wachstum, da sie so lange brauchen, um die Sonne zu umkreisen.

Der Uranus ist dafür bekannt, ein schwieriger Planet zu sein. Er steht für alles Unerwartete, für Chaos und plötzliche Veränderungen. Seine Energie ist undefiniert und fließt in Wogen, die sich in unserem Leben als Stress, Ängste oder Spannungen manifestieren können. Das Uranus-Zeichen kann uns zu einem höheren Geistes- und Bewusstseinszustand führen, sodass wir diese Hindernisse überwinden. Wenn Sie nach innerer Klarheit streben, kann Ihnen Ihr Uranus-Zeichen den besten Weg dorthin weisen.

Der Uranus herrscht über den zukunftsorientierten Wassermann. Das heißt, wenn Ihr Uranus-Zeichen im Wassermann steht, fühlen Sie sich stärker mit Ihrer eigenen Generation verbunden. Uranus erzeugt Impulse für Aktivismus und Rebellion, die der Wassermann mit seiner unkonventionellen, innovativen Energie anreichert.

NEPTUN

Der Neptun symbolisiert die Welt des Unsichtbaren und das, was sich unter der Oberfläche verbirgt. Er herrscht über das Unterbewusstsein und die unterschwelligen Aspekte unserer Persönlichkeit sowie über Idealismus, Träume und Magie.

Neptun ist der achte Planet in unserem Sonnensystem und braucht für seinen Umlauf um die Sonne ungefähr 165 Jahre. In jedem Tierkreiszeichen bleibt er rund 14 Jahre. Er gehört zu den überpersönlichen Planeten, deren Wirkung eine ganze Generation betrifft. Der Neptun ist eine Brücke zum Mystischen und Übersinnlichen, die uns animiert, die Grenzen unseres Ichs zu überwinden und uns mit der feinstofflichen Welt zu verbinden. Er erinnert uns, dass im Universum alles mit allem verbunden ist.

Neptun ist der Planet der Spiritualität, der uns drängt, unsere eigene spirituelle Seite zu entdecken und zu nutzen, um im Leben voranzukommen und zu wachsen. Unser Neptun-Zeichen kann uns Aufschluss über unsere individuelle Kreativität geben, aber auch über die spirituellen Praktiken, die unsere Seele ansprechen. Dieser Planet öffnet tiefere Verbindungen zu unserer Intuition, aber wie genau diese aussehen, hängt davon ab, in welchem Sternzeichen der Neptun im Geburtshoroskop steht.

Neptun erzeugt aber auch Illusionen, Einbildungen und abstrakte Gedanken, die unsere Wahrnehmung der Realität trüben können. Zusätzlich ist Neptun der Herrscherplanet des Sternzeichens Fische, was die alternativen Versionen der Wirklichkeit, in die wir uns flüchten, noch glaubwürdiger erscheinen lässt. Dann ziehen wir unsere Version der Realität den eigentlichen Geschehnissen um uns herum vor. Die Herrschaft des Neptun über das Fische-Zeichen kann uns auch emotional sehr empfindlich machen.

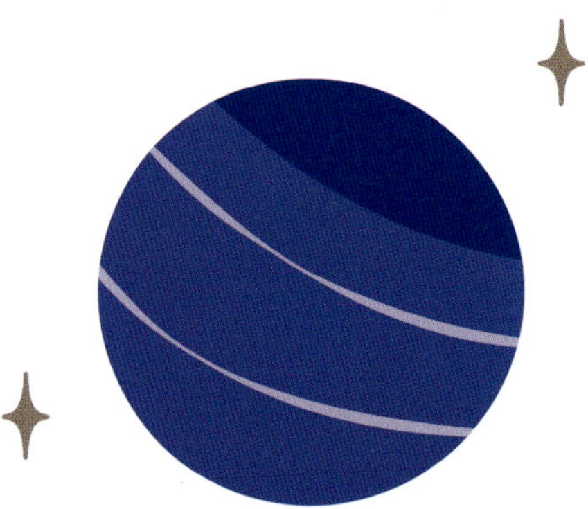

SYMBOL
Der Dreizack des griechischen Gottes Poseidon

HERRSCHT ÜBER DAS ZEICHEN
Fische

FARBEN
Blau, Violett

NEPTUN

ASSOZIATIONEN
Einigung, Vorstellungskraft, Inspiration, Empfindlichkeit, Kreativität, Realitätsflucht, Illusionen, Idealismus, romantische Liebe, Täuschung, Erleuchtung

STEINE
Amethyst, Edelkoralle, Jade, Kalzit, Türkis

KRÄUTER UND PFLANZEN
Farn (Achtung: giftig), Jasmin, Lotos, Kalifornischer Mohn, Seetang

TAROTKARTE
Der Gehängte

PLUTO

Pluto ist nach dem römischen Gott der Unterwelt benannt und steht für die verborgensten, dunkelsten Aspekte unseres Selbst und unseren Drang, sich ihnen zu stellen, damit wir uns weiterentwickeln können.

Pluto ist der äußerste Planet in unserem Sonnensystem und damit am weitesten von der Sonne entfernt. Mittlerweile wird er als Zwergplanet klassifiziert. Für seinen Umlauf um die Sonne braucht er 248 Jahre, aber aufgrund seiner ungewöhnlich ovalen Bahn, kann er 12 bis 31 Jahre in einem Tierkreiszeichen bleiben. (Er bewegt sich auch entgegen der Drehrichtung der meisten anderen Planeten.) Da Pluto der Nebenherrscher über das Zeichen Skorpion ist, wird er auch mit Okkultismus, Geisterglauben und generell mit allem Unsichtbaren und Unbekannten in Verbindung gebracht. Pluto ist intensiv und mächtig. Er symbolisiert Verwandlung und Erneuerung, die aber nicht leicht geschehen. Zuerst muss unser Ego sterben, erst dann können wir aus der Asche auferstehen und durch die Energie Plutos neu geboren werden.

Aufgrund seiner langen Umlaufzeit um die Sonne beeinflusst uns der Pluto nicht individuell, sondern er wirkt auf ganze Generationen ein. Der Pluto ist nämlich gleichzeitig Schöpfer und Zerstörer. Geburt, Tod und Wiedergeburt bilden seine Domäne. In der evolutionären Astrologie kann uns der Pluto mehr über unsere Vorleben offenbaren (sofern man daran glaubt), da er die Reise der Seele sowie die Absichten und Aufgaben unseres gegenwärtigen Lebens verkörpert. Wie sich das im Einzelnen manifestiert, hängt davon ab, in welchem Sternzeichen der Pluto im Geburtshoroskop steht. Das Pluto-Zeichen kann uns auch auf Süchte, Laster oder schädigendes Verhalten hinweisen, sodass uns bewusst wird, was wir aufgeben müssen, um auf einer tieferen Ebene unserer Persönlichkeit zu wachsen und uns weiterentwickeln zu können.

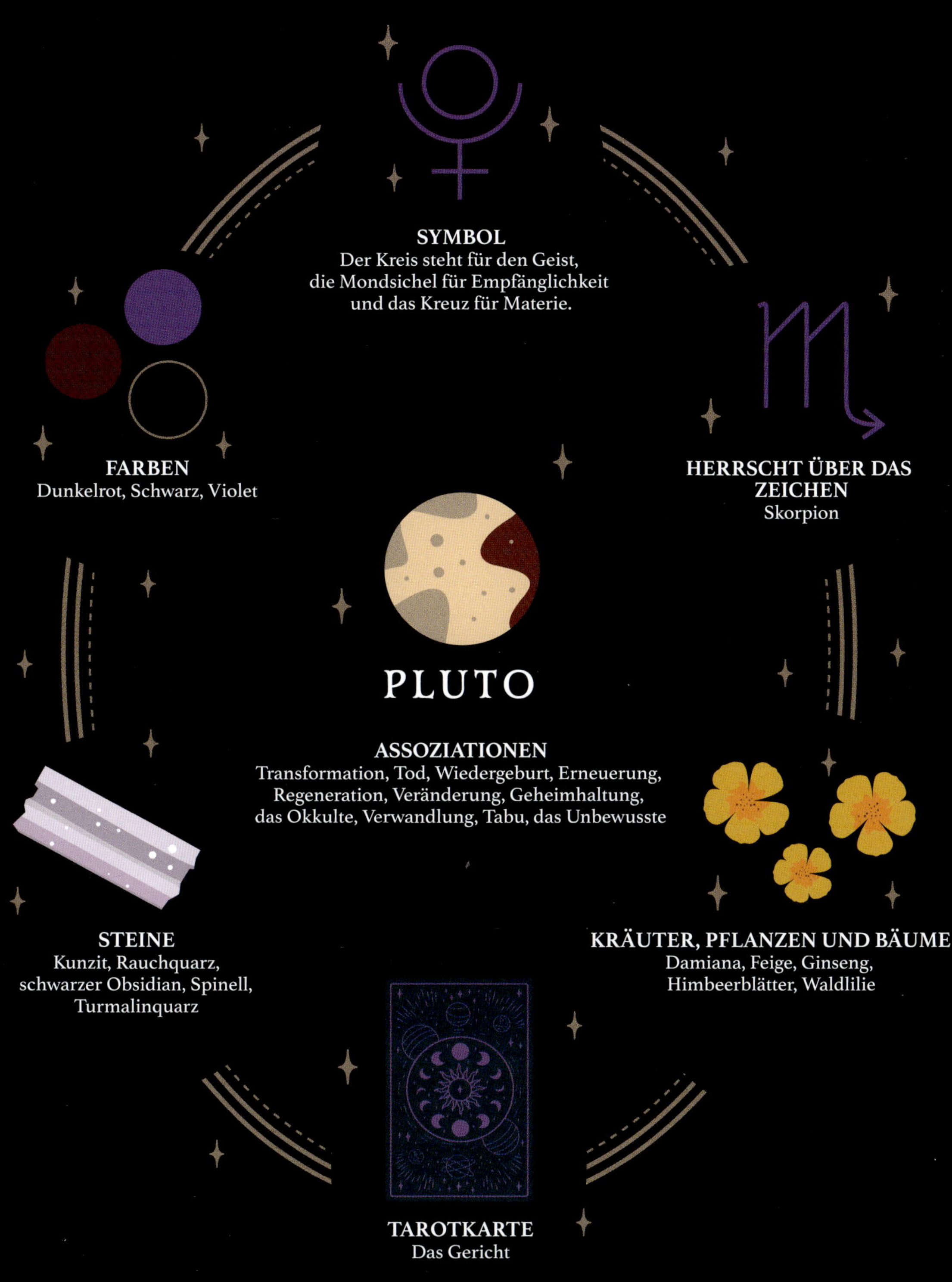

SYMBOL
Der Kreis steht für den Geist,
die Mondsichel für Empfänglichkeit
und das Kreuz für Materie.
FARBEN
Dunkelrot, Schwarz, Violet
HERRSCHT ÜBER DAS ZEICHEN
Skorpion
PLUTO
ASSOZIATIONEN
Transformation, Tod, Wiedergeburt, Erneuerung,
Regeneration, Veränderung, Geheimhaltung,
das Okkulte, Verwandlung, Tabu, das Unbewusste
STEINE
Kunzit, Rauchquarz,
schwarzer Obsidian, Spinell,
Turmalinquarz
KRÄUTER, PFLANZEN UND BÄUME
Damiana, Feige, Ginseng,
Himbeerblätter, Waldlilie
TAROTKARTE
Das Gericht

MOND-
Knoten

Die Mondknoten sind keine Himmelskörper, wie Planeten oder Sterne, sondern mathematische Punkte, an denen die Bahn des Mondes die Ekliptik der Sonne schneidet.

Jeden Monat kreuzt der Mond zweimal den Weg der Erde um die Sonne. Wechselt der Mond von der südlichen auf die nördliche Seite der Ekliptik, entsteht der aufsteigende Mondknoten, der auch „Drachenkopf" genannt wird. Der Punkt, an dem der Mond von der nördlichen auf die südliche Seite der Ekliptik wechselt, ist der absteigende Mondknoten oder der „Drachenschwanz". Beide Punkte werden auch als „Schicksalsknoten" bezeichnet, da sie uns etwas über unsere Vergangenheit und unsere Zukunft offenbaren können.

AUFSTEIGENDER MONDKNOTEN

Symbol
Drachenkopf

Assoziationen
Schicksal, Lebenszweck, Wachstum, Evolution, die Seelenaufgabe erfüllen.

Im Geburtshoroskop steht der aufsteigende Mondknoten für unsere Seelenaufgabe und für alles, was wir in diesem Leben erfahren und lernen müssen, um zu wachsen und unsere Spiritualität zu entwickeln. Er ist der Schicksalspunkt, dem wir unser ganzes Leben folgen, während wir daran arbeiten, die Aufgaben unserer gegenwärtigen Inkarnation zu erfüllen. Der Weg, den wir gehen müssen, enthält jedoch Hindernisse, sodass wir unsere Komfortzone verlassen und unsere eigene Bahn brechen müssen. Dieser Weg, den niemand für uns gehen kann, führt in das Unbekannte, und das kann beängstigend sein. Wenn Sie wissen, in welchem Zeichen Ihr aufsteigender Knoten steht, werden Sie Ihren Weg besser verstehen und wissen, was Sie tun müssen, um zu wachsen.

ABSTEIGENDER MONDKNOTEN

Symbol
Drachenschwanz

Assoziationen
Die Vergangenheit, Vertrautheit, Komfortzone, natürliche Begabungen, Karma, Stillstand.

Der absteigende Mondknoten steht für die Vergangenheit und den Ausgangspunkt unserer karmischen Reise. Er symbolisiert unsere instinktiven Verhaltensweisen und Denkmuster, die wir uns zum Teil während der Kindheit aneignen. Der absteigende Mondknoten markiert unsere Komfortzone und unsere natürlichen Begabungen, aber oft ist es das altbekannte Verhalten und Denken, das der Entwicklung unserer Seele im Wege steht. Wenn Sie wissen, in welchem Zeichen Ihr absteigender Mondknoten steht, werden Sie besser verstehen, welche Lektionen Sie in diesem Leben schon gelernt und welche Hindernisse Sie überwunden haben, und wie Sie dieses Wissen nun anwenden können. Falls Sie an Reinkarnation glauben, erfahren Sie auch, was Sie in früheren Leben schon gelernt haben.

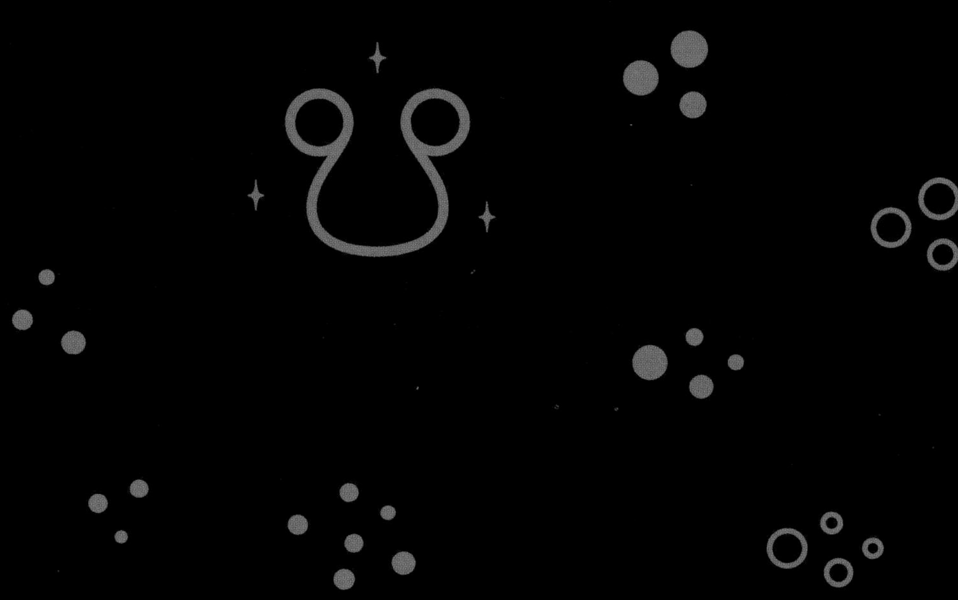

SYMBOL
Der verwundete Heiler
HERRSCHT ÜBER DAS ZEICHEN
Jungfrau
CHIRON
ASSOZIATIONEN
Verwundet, Leiden,
uns selbst heilen, Unzulänglichkeit,
spirituelle Heilung, der Nonkonformist
STEINE
Charoit,
Rauchquarz
KRÄUTER UND GEWÜRZE
Muskat, Safran,
Tausendgüldenkraut
ELEMENT
Erde

CHIRON

Chiron ist ein Komet, der die Sonne zwischen den Bahnen von Saturn und Uranus umkreist. Er wurde im Jahr 1977 entdeckt und seine Auswirkung auf unser Leben spielt daher in der Astrologie noch nicht so lange eine Rolle. Sein Name stammt vom Zentauren Cheiron aus der griechischen Mythologie, aber er wird auch „der verwundete Heiler" genannt.

Chiron symbolisiert unsere schlimmsten, schmerzhaftesten Verletzungen, aber auch unsere Fähigkeit, sie zu heilen. Seine Position in unserem Geburtshoroskop verrät uns, wie wir diese tiefen Wunden ergründen und verstehen. Er bringt uns auch karmische Energie aus den Verletzungen aus vergangenen Leben, die wir in unserer gegenwärtigen Inkarnation aufarbeiten und heilen müssen. Bis das nicht geschehen ist, tragen wir diese energetische Bürde mit uns. Chiron möchte, dass wir uns unseren aktuellen Problemen stellen, um auch die alten Wunden verstehen und behandeln zu können. Das ist eine lebenslange Aufgabe, die uns viel Mühe, Hingabe und Geduld abverlangt.

Chiron verfügt über mächtige Heilenergie. In welche Bereiche sie gelenkt werden muss und wie wir uns selbst heilen können, verrät uns seine Position im Geburtshoroskop – also in welchem Haus und in welchem Zeichen er dort steht.

Häufig versuchen wir unbewusst, diese Bereiche anderweitig auszugleichen, aber das führt nicht zur Heilung, solange wir uns nicht mit unseren Gefühlen der Unzulänglichkeit auseinandersetzen. In meinem Horoskop steht der Chiron im dritten Haus im Sternzeichen Zwillinge. Das bedeutet, dass es mir schwerfällt, meine Wahrheit auszusprechen und mir Gehör zu verschaffen. Ich bin nicht gut darin, meine Gefühle mitzuteilen, aber um diese Wunde zu heilen, muss ich Wege finden, mich auszudrücken, auch wenn ich mich anfangs dabei unwohl fühle. Menschen, bei denen Chiron im Zwilling steht, überkompensieren oft, indem sie zu viel oder zu wenig sprechen.

Steht Chiron im Krebs, sind die Wunden emotionaler Natur. Um den Heilungsprozess in Gang zu setzen, muss eine gewisse Distanz zu den oft überwältigenden Gefühlen hergestellt werden. Das ist nicht leicht. Doch wenn wir die Energie, die wir sonst in andere Menschen stecken, auf uns selbst richten, kann Heilung geschehen. Steht Chiron im Wassermann, haben die Wunden oft mit Anpassung zu tun, etwa wenn wir uns wie Außenseiter in der Gesellschaft fühlen. Dann müssen wir unser authentisches Selbst annehmen, statt uns zu verbiegen, nur um dazuzugehören.

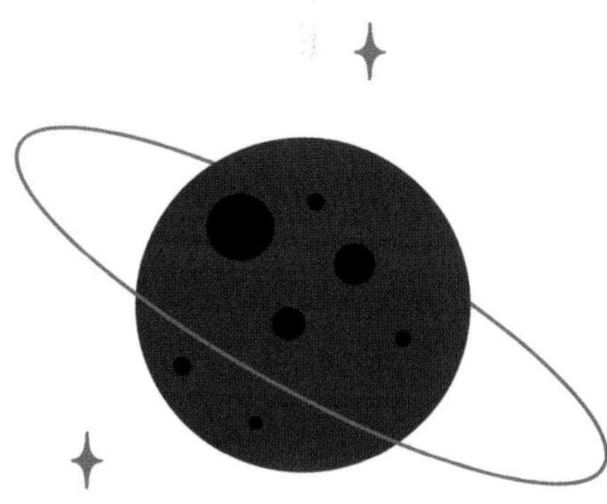

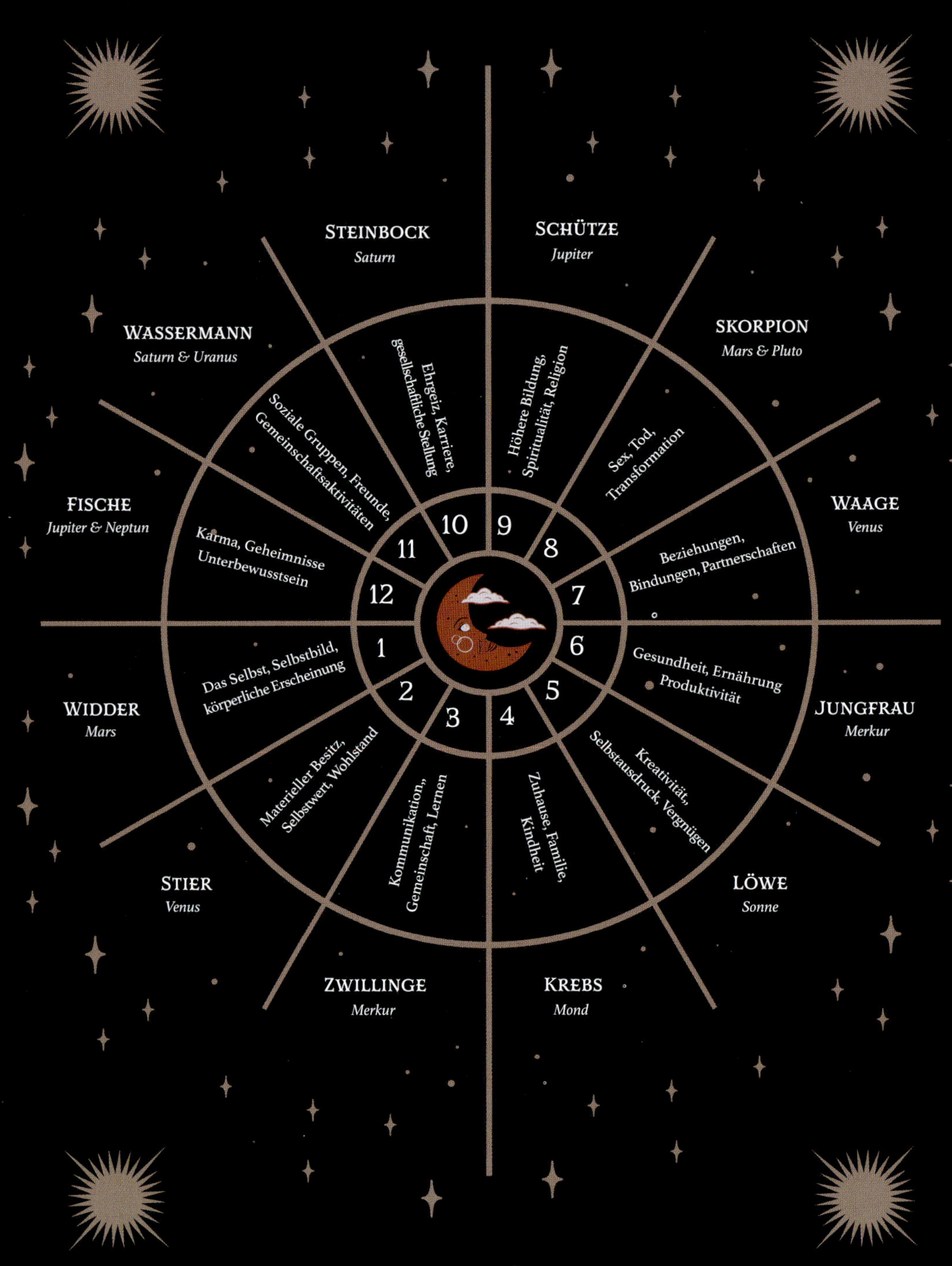
STEINBOCK
Saturn
SCHÜTZE
Jupiter
WASSERMANN
Saturn & Uranus
SKORPION
Mars & Pluto
FISCHE
Jupiter & Neptun
WAAGE
Venus
WIDDER
Mars
JUNGFRAU
Merkur
STIER
Venus
LÖWE
Sonne
ZWILLINGE
Merkur
KREBS
Mond
10
Ehrgeiz, Karriere, gesellschaftliche Stellung
9
Höhere Bildung, Spiritualität, Religion
8
Sex, Tod, Transformation
11
Soziale Gruppen, Freunde, Gemeinschaftsaktivitäten
7
Beziehungen, Bindungen, Partnerschaften
12
Karma, Geheimnisse Unterbewusstsein
1
Das Selbst, Selbstbild, körperliche Erscheinung
6
Gesundheit, Ernährung Produktivität
2
Materieller Besitz, Selbstwert, Wohlstand
5
Kreativität, Selbstausdruck, Vergnügen
3
Kommunikation, Gemeinschaft, Lernen
4
Zuhause, Familie, Kindheit

5

ASTROLOGISCHE HÄUSER

Der Tierkreis wird in 12 Abschnitte unterteilt: die sogenannten „Häuser". Über jedes Haus herrscht eines der 12 Sternzeichen. Zusammen symbolisieren sie die verschiedenen Sphären des menschlichen Lebens und Erlebens (siehe Bild gegenüber). Die Eigenschaften der Herrscherzeichen beeinflussen den Lebensbereich, der von einem Haus dargestellt wird. Das Sternzeichen Krebs, das über das vierte Haus herrscht, ist beispielsweise stark mit den Bereichen Zuhause, Familie und Kindheit verbunden. Das erste Haus wird vom Widder – dem ersten Zeichen im Tierkreis – beherrscht, und dann geht es gegen den Uhrzeigersinn durch die anderen Zeichen.

In Ihrem Geburtshoroskop sind die Planeten auf die 12 Häuser (und Tierkreiszeichen) verteilt. Ihre Positionierung hängt davon ab, wo sie von Ihrem Standort aus gesehen zum Geburtszeitpunkt am Himmel standen. Um ein Horoskop zu lesen, kombiniert man die Bedeutungen der Planeten und Zeichen mit jenen des Hauses, in dem sie sich zu diesem Zeitpunkt befanden.

In vielen Geburtsdiagrammen kommen auch leere Häuser vor, in denen kein Himmelskörper steht. Auch sie können uns einiges über uns verraten. Ein unbesetztes Haus bedeutet nämlich nicht, dass diese Bereiche in Ihrem Leben keine Rolle spielen werden.

Die 12 Häuser werden noch weiter unterteilt und zwar in Eckhäuser, nachfolgende Häuser und fallende Häuser. Die Eckhäuser (1, 4, 7, 10) haben mit ihren selbstaktivierenden Energien einen starken Einfluss im Geburtshoroskop. Die nachfolgenden Häuser (2, 5, 8, 11) werden mit persönlichen Wünschen und dem Finden von Sicherheit assoziiert. Die fallenden Häuser (3, 6, 9, 12) prägen das Horoskop weniger stark und stehen oft für Lebensbereiche, in denen es zu einem Austausch oder einem Zufluss von Energie kommt.

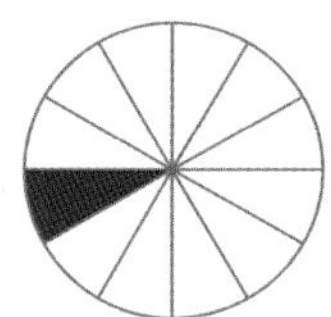

ERSTES *Haus*

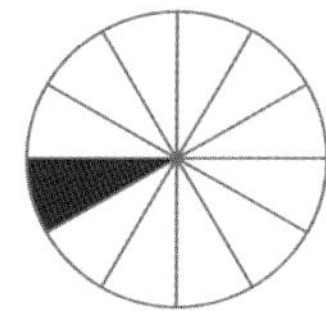

Das erste Haus, das Haus des Selbst, steht für den Bereich, in dem die Grundsteine unserer Identität gelegt werden. Es wird von den Energien von Widder und Mars beherrscht und symbolisiert das gegenwärtige Ich, aber auch das zukünftige Ich, zu dem sich unser volles Potenzial entwickeln könnte. Als erstes Haus verkörpert es Neuanfänge und dominiert daher unsere Kindheit und frühe Persönlichkeit.

Die Sternbilder, die sich zum Zeitpunkt Ihrer Geburt am Westhimmel befinden, stellen dar, wie wir die Welt sehen, also im Prinzip unsere Perspektive auf das Leben sowie unsere grundlegenden Merkmale und Wesenszüge.

Das erste Haus prägt unser Erscheinungsbild, unsere körperliche Stärke, aber vor allem, wie wir uns nach außen zeigen. Dazu gehören unsere Größe und Haarfarbe. Auch wenn man andere nicht nach ihrem Aussehen beurteilen soll, so tun wir es in Wirklichkeit doch, und wenn es nur unbewusst ist. Das erste Haus ist also auch wichtig, um den bestmöglichen ersten Eindruck zu hinterlassen. Wie sich die Eigenschaften des ersten Hauses im Einzelnen auf Sie auswirken, hängt davon ab, welche Planeten und Zeichen zum Zeitpunkt Ihrer Geburt in diesem Haus standen. Das erste Haus ist in allen Geburtshoroskopen das Domizil des Aszendenten. Die Kombination aus Sonnenzeichen und Aszendent verrät Ihnen vieles über Ihre Persönlichkeit. Alle Planeten, die im ersten Haus stehen, üben einen starken Einfluss auf Ihr äußeres Selbst aus. Zusammen mit dem sechsten Haus offenbart es Ihnen etwas über Ihre Gesundheit und Energie.

Falls Sie wie ich den Wassermann im ersten Haus haben, sind Sie vielleicht auch eher ein Eigenbrötler und keiner, der mit dem Strom schwimmt. Ich kann mich mit den Freiheitsdrang des Wassermanns und auch mit seinen exzentrischen und rebellischen Tendenzen sehr gut identifizieren. Steht der Mond in Ihrem ersten Haus, fällt es Ihnen wahrscheinlich schwer, Ihre Gefühle zu verbergen, und darum haben Sie immer Angst, verletzt zu werden. Steht in diesem Haus der Jupiter, der Planet der Ausdehnung, sind Sie vermutlich extrovertiert, selbstbewusst und auffällig, während der Pluto im ersten Haus oft bei ernsthaften, leidenschaftlichen Personen anzutreffen ist.

1
ERSTES HAUS
ELEMENT
Feuer
STERNZEICHEN
Widder
HERRSCHERPLANET
Mars
KATEGORIE
Eckhäuser
ASSOZIATIONEN
Selbst, Selbstbild, körperliche Erscheinung, Individualität, Charakter, Neuanfänge, Instinkt, Authentizität, Persönlichkeit

ZWEITES Haus

Das zweite Haus symbolisiert die materielle Welt. Es wird oft als Haus des Wertes bezeichnet, da es für Besitz und Finanzen steht. Dank dem Einfluss des Erdzeichens Stier hilft dieses Haus, Energien auf persönliches Eigentum und materielle Ressourcen zu lenken.

Zusammen mit dem sechsten und dem zehnten Haus gehört es zu den sogenannten Karrierehäusern, die uns Hinweise in beruflichen Fragen geben können. Da sein Herrscherplanet die Venus ist, verkörpert das zweite Haus unsere materiellen Wünsche, aber auch unsere inneren Werte. Es offenbart die Verbindung zwischen unserem Selbstwert und unserem Besitz und damit unsere Einstellung zu Eigentum. Außerdem zeigt es uns, wie wir unser Vermögen einsetzen können, um in verschiedenen Lebensbereichen voranzukommen und uns weiterzuentwickeln.

Das zweite Haus ist auch für unser Gefühl von Sicherheit und Stabilität verantwortlich. Manchen Menschen gibt ihr Besitz, etwa ein Haus, dieses Gefühl, während andere es in sich selbst finden. Die Zeichen und Elemente der Himmelskörper, die in diesem Haus stehen, verraten uns, was wir wirklich brauchen, um uns in dieser Welt sicher zu fühlen, und wie wir es bekommen. Stehen in Ihrem zweiten Haus viele Planeten, könnte das darauf hindeuten, dass Selbstwert und Geld bei Ihnen oft Problembereiche sind. Steht Ihr Sonnenzeichen in diesem Haus, beziehen Sie Ihr Gefühl der Stabilität aus materiellem Wohlstand und Sie können wahrscheinlich gut mit Geld umgehen. Mein zweites Haus ist ziemlich überfüllt: Ich habe eine Konjunktion aus Sonne, Venus und Merkur im Widder. Diese Verbindung erzeugt eine schöpferische Energie, die sich in Form von Kunst, Musik, kreativen Gesprächen oder Schreiben manifestieren kann. Ich liebe es, mein Wissen über Hexerei, Astrologie und Tarot weiterzugeben (danke, Venus!), vor allem an interessierte Neulinge. Also manifestiert sich die Energie in meinem Fall in den Texten meiner Bücher oder meiner Internet-Präsenz.

Steht das Sternzeichen Jungfrau im zweiten Haus, beziehen Sie Ihren Selbstwert aus den Beziehungen mit den Menschen in Ihrem Leben. Jupiter im zweiten Haus sorgt für materiellen Wohlstand, da er der Planet der Ausdehnung, des Glücks und der Fülle ist. Im Gegensatz dazu ist der Uranus wahrscheinlich der ungünstigste Planet in diesem Haus, denn er führt unerwartete Veränderungen und Störungen Ihrer finanziellen Lage herbei. Um die Situation jedoch besser deuten zu können, müssen auch alle weiteren Planeten und Zeichen im zweiten Haus berücksichtigt werden, falls welche vorhanden sind.

2
ZWEITES HAUS
ELEMENT
Erde
STERNZEICHEN
Stier
HERRSCHERPLANET
Venus
KATEGORIE
Nachfolgende Häuser
ASSOZIATIONEN
Materieller Besitz, Selbstwert, Selbstausdruck, Wohlstand, Sicherheit, Stabilität, Ressourcen, Werte

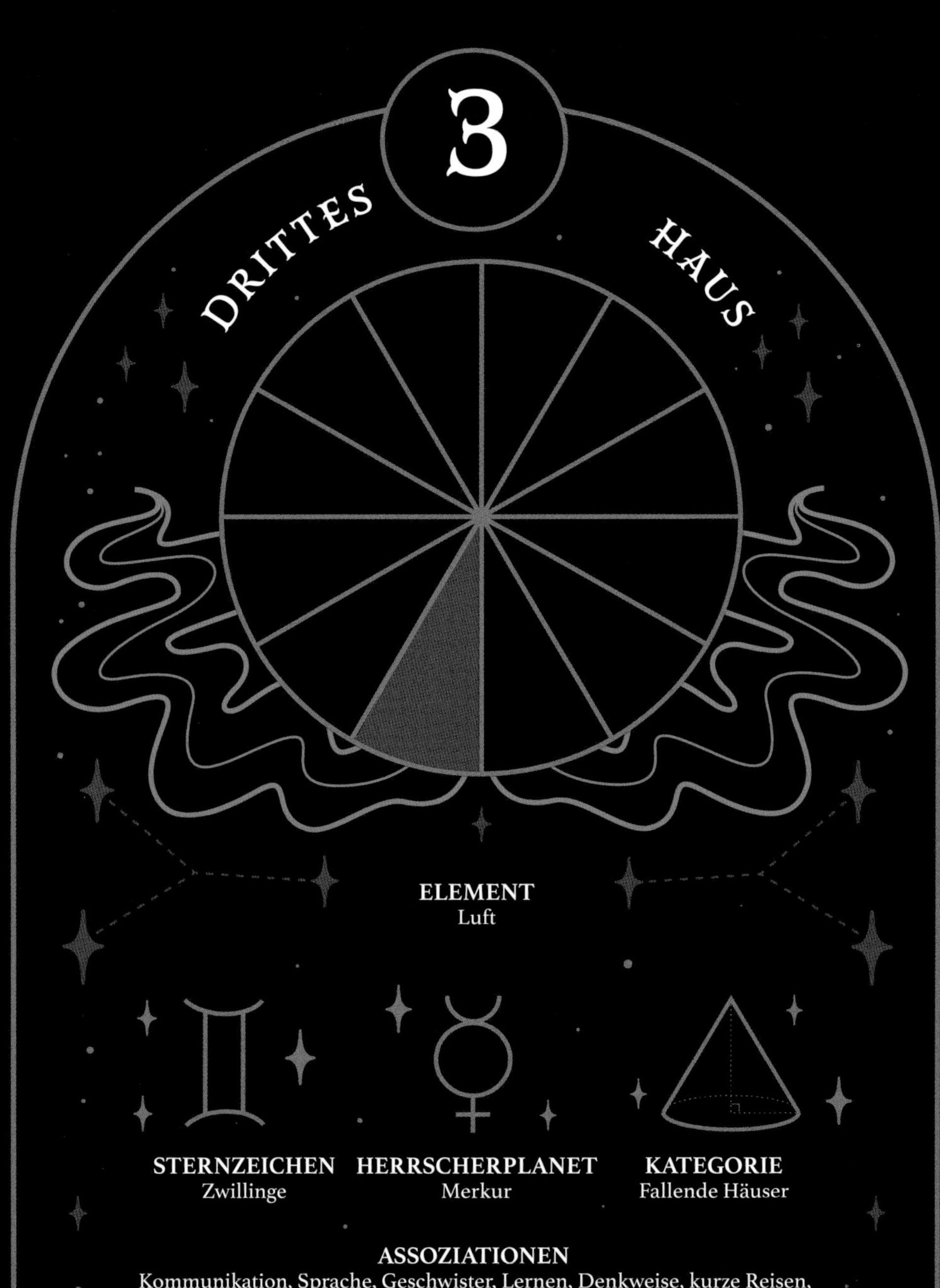
3
DRITTES HAUS
ELEMENT
Luft
STERNZEICHEN
Zwillinge
HERRSCHERPLANET
Merkur
KATEGORIE
Fallende Häuser
ASSOZIATIONEN
Kommunikation, Sprache, Geschwister, Lernen, Denkweise, kurze Reisen,
unser nächstes Umfeld, Nachbarn, Pädagogik

DRITTES *Haus*

Das dritte Haus gilt auch als das Haus der Kommunikation, da sein Herrscherplanet Merkur diesem Bereich entspricht. Alle gesunden Beziehungen gründen auf Kommunikation – dieses Haus konzentriert sich auf die Kommunikation zwischen uns und den Menschen, die uns nahestehen, zum Beispiel innerhalb der Familie. Ein besonderer Schwerpunkt liegt hier auf den Beziehungen zu unseren Geschwistern, falls vorhanden, und unseren Nachbarn.

Das dritte Haus verkörpert die mündliche und die schriftliche Form der Kommunikation, also auch die Zeit, in der wir uns als Kind zum ersten Mal verbal ausdrückten und lernten, uns anderen verständlich mitzuteilen.

In Verbindung mit dem Sternzeichen Zwillinge repräsentiert das dritte Haus auch Intelligenz und Verstand – das, was unser Lernen antreibt und beeinflusst, wie wir Informationen verarbeiten und Probleme analysieren. So entwickeln wir schon in früher Kindheit unsere Kommunikationsfähigkeit. Im dritten Haus geht es auch um das, wofür wir unsere Intelligenz nutzen und wie wir sie einsetzen, um anderen zu helfen. Außerdem wird dieses Haus mit kurzen Reisen in Verbindung gebracht.

Wie sich sein Einfluss in Ihrem Leben bemerkbar macht, hängt davon ab, welche Himmelskörper in Ihrem Geburtshoroskop stehen. Wo der Merkur (der Planet der Kommunikation) und die anderen Planeten im dritten Haus platziert sind, kann Ihnen viel über Ihren eigenen Kommunikationsstil verraten. Stehen zwei oder mehr Planeten im dritten Haus, bedeutet das vielleicht, dass Sie lieber zurückhaltend beobachten, um Informationen von den Personen und der Situation zu sammeln, bevor Sie etwas sagen.

In meinem dritten Haus steht der aufsteigende Mondknoten im Zwilling. Der Mondknoten symbolisiert unsere Lebensaufgabe. Seine Stellung im Zwilling bedeutet, dass ich lerne, alles etwas langsamer anzugehen und meine eigenen Bedürfnisse zu erfüllen – Schritt für Schritt, indem ich Grenzen setze und meine Lebenserfahrungen bewusster wahrnehme. Mit dem aufsteigenden Mondknoten im Zwilling muss ich darauf achten, die materialistische Seite dieses Sternzeichens mit meinem spirituellen Wachstum auszubalancieren. Steht bei Ihnen die Waage im dritten Haus, sprechen und denken Sie vielleicht zu oft über andere, sind aber auch eine gute, wertfreie Zuhörerin, die alle Seiten einer Geschichte berücksichtigt. Die Herausforderung für die Waage in diesem Haus besteht darin, die eigene Meinung in die Kommunikation mit anderen ausgleichend einzubringen.

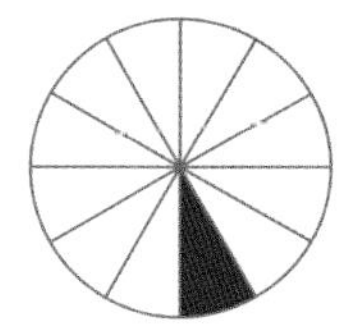

VIERTES *Haus*

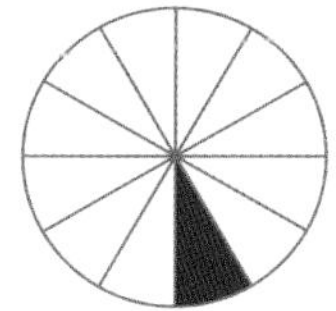

Im vierten Haus dreht sich alles um unser Zuhause, die Familie und unsere Vorfahren. Es symbolisiert den Ort, an dem wir uns so wohlfühlen, dass wir dort sesshaft werden und eine Zuflucht schaffen. Unser Zuhause soll auf allen Ebenen ein sicherer Hafen für uns und unsere Familie sein – materiell, geistig und emotional. Dort sind wir fest verankert und immer, wenn wir dorthin zurückkommen, soll es sich auch wie eine geistige und emotionale Heimkehr anfühlen.

Zum vierten Haus gehört auch die Beziehung zu unseren Eltern und Verwandten, vor allem jene zu unserer Mutter. Dieser Schwerpunkt kommt vom Einfluss des Mondes, der über dieses Haus herrscht und mit weiblichen (Yin) und fürsorglichen Energien assoziiert wird. Zusammen mit dem Sternzeichen Krebs macht der Mond dieses Haus zu unserem emotionalen Kern, wo unsere emotionale Widerstandsfähigkeit entsteht. An diesem Ort sollten wir uns eigentlich sicher fühlen, aber ob das tatsächlich so ist, hängt davon ab, in welchem familiären Umfeld wir aufgewachsen sind und ob wir als Kind dieses Sicherheitsgefühl entwickeln konnten.

Stehen bei Ihnen extrovertierte Planeten wie Mars oder Jupiter im vierten Haus, werden Sie Ihre Erfüllung wohl eher außerhalb Ihres Heims finden. Stehen dort aber die introvertierteren Himmelskörper Mond und Saturn, wird Ihnen Ihr Zuhause wahrscheinlich Kraft und Sicherheit verleihen. Auch die Venus im vierten Haus kann bedeuten, dass Sie gern zu Hause sind, aber dass es Ihnen wichtig ist, Ihre vier Wände mit schönen Dingen einzurichten.

Steht Jupiter im vierten Haus deutet das oft auf eine große, wachsende Familie und eine lebhafte, aber glückliche Atmosphäre zu Hause hin. Der feurige Widder steht in diesem Feld des Horoskops für fehlende Geduld innerhalb der Familie, besonders mit Kindern. Der Grund dafür können aufgestaute Aggressionen sein, die Ihre familiären Beziehungen und Ihr Zuhause beeinträchtigen. In meinem vierten Haus steht der Mond im Zwilling. Das heißt, Familie und Zuhause sind die Angelpunkte meines Lebens. Meine Ahnen, meine Herkunft und mein kulturelles Erbe sind mir wichtig und ich fühle mich meinem Heimatort stark verbunden.

ELEMENT
Wasser

STERNZEICHEN
Krebs

HERRSCHERPLANET
Mond

KATEGORIE
Eckhäuser

ASSOZIATIONEN
Familie, Zuhause, Eltern, Umfeld,
Sicherheit, Herkunft, Kindheit, Erziehung

FÜNFTES *Haus*

Das fünfte Haus wird von der Sonne und dem Tierkreiszeichen Löwe beherrscht. Es steht für Kreativität und Lebenslust, für den Drang, etwas zu erschaffen, und für die Formen, die diese schöpferischen Energien in unserem Leben annehmen. Das können zum Beispiel künstlerische Werke sein, übersprudelnde Ideen, Musik oder die Zeugung von Kindern. In diesem Zusammenhang werden Kinder als Teil von uns und unserer Schöpferkraft gesehen.

Dieses Haus verrät uns auch, was uns Spaß macht, worüber wir uns freuen und welche Art von Kreativität unsere Seele nährt und unsere Energiereserven wieder auffüllt. Im Grunde geht es hier um unseren Selbstausdruck und wie wir uns entfalten. Der Schwerpunkt dieses Hauses, der auf dem Thema Kinder liegt, bezieht sich auch auf unser inneres Kind und auf alles, was uns mit kindlicher Freude erfüllt. Es geht darum, das Hier und Jetzt bewusst und unbeschwert zu erleben und vollkommen präsent zu sein. Aus diesem Grund wird das fünfte Haus auch mit Liebesabenteuern und romantischen Gesten assoziiert, da sie uns auf emotionaler Ebene erfreuen.

Menschen, die viele Himmelskörper im fünften Haus stehen haben, sind oft sehr kreativ und verspüren den Drang, sich selbst auf originelle Weise auszudrücken. Für sie ist die Kreativität nicht nur ein Hobby, sondern eine Quelle tiefer Freude und Erfüllung. Eine Person, die nur wenige Planeten und Zeichen im fünften Haus hat, kann natürlich trotzdem kreativ sein, aber es fällt ihr oft schwerer, die schöpferischen Energien zum Fließen zu bringen.

Steht Ihr Sonnenzeichen im fünften Haus, können Sie sich wahrscheinlich frei und selbstbewusst ausdrücken. Im Gegensatz dazu lässt uns Saturn im fünften Haus oft minderwertig fühlen, sodass wir uns vor anderen in unserem Selbstausdruck gehemmt fühlen. Bei mir stehen die Zwillinge im fünften Haus, was bedeutet, dass ich gern schreibe, aber nicht nur, um zu kommunizieren, sondern als kreative Ausdrucksmöglichkeit. Steht in Ihrem fünften Haus der fleißige Steinbock, fällt es Ihnen wahrscheinlich schwer, abzuschalten und zu entspannen. Freizeit ist für Sie eine weitere Gelegenheit, produktiv zu sein, statt die Chance, einfach nur Spaß zu haben.

ELEMENT
Feuer

STERNZEICHEN
Löwe

HERRSCHERPLANET
Sonne

KATEGORIE
Nachfolgende Häuser

ASSOZIATIONEN
Kreativität, Selbstausdruck, Lebenslust, Fortpflanzung, Liebesabenteuer, Sex, Kinder, Glücksspiel, Risikobereitschaft

6
SECHSTES HAUS
ELEMENT
Erde
STERNZEICHEN
Jungfrau
HERRSCHERPLANET
Merkur
KATEGORIE
Fallende Häuser
ASSOZIATIONEN
Gesundheit, Ernährung, Hausarbeit, Alltag, Effizienz, Selbstlosigkeit, Produktivität,
Teamwork, Tiere, Haustiere

SECHSTES *Haus*

Das sechste Haus steht für unseren normalen Alltag und wie wir ihn strukturieren sowie für alles Gewöhnliche. Oft wird es auch als das Haus der Arbeit bezeichnet. Es verrät uns, was uns motiviert und auf welche Weise wir unsere Tätigkeiten verrichten und etwas erreichen.

Mit dem dominanten Tierkreiszeichen Jungfrau repräsentiert das sechste Haus, wie effizient wir arbeiten, wie zuverlässig und produktiv wir sind, aber auch wie selbstlos wir sein können. Der Herrscherplanet Merkur bedeutet, dass dieses Haus auch mit unserer Anpassungsfähigkeit beim Arbeiten verbunden ist und mit unserem rationalen Denken. Das sechste Haus gilt außerdem als Haus der Gesundheit und steht für Ernährung, Sport, Schlaf und Hygiene – also für das, was wir brauchen, um uns wohlzufühlen. Es zeigt unser tägliches Leben, unsere Routinen und unseren Gesundheitszustand auf eine ganzheitlichere Weise und spiegelt wider, wie wir für uns selbst sorgen. Es repräsentiert unsere Ausdauer und unseren Körper, wie sie vom ersten Haus, dem Haus des Selbst, definiert werden.

Das sechste Haus offenbart uns unsere physischen Stärken und Schwächen und in welcher Form die äußere Gesundheit ein Spiegel unseres inneren Wohlbefindens ist, was wiederum von der Beziehung zu unserem Körper abhängt. Menschen, die viele Planeten im sechsten Haus haben, sind fleißig, meistens sogar Workaholics, die nicht merken, wann sie etwas kürzer treten müssen. Die Planeten verraten uns auch, ob wir gut im Team oder lieber allein arbeiten. Wer viele Himmelskörper im sechsten Haus hat, braucht Ordnung im Leben, um sich gefestigt zu fühlen. Richtet man seine Arbeit auf die Planeten und Zeichen des sechsten Hauses aus, fühlt sie sich energetisierend statt anstrengend an.

Steht der Merkur in Ihrem sechsten Haus, sind Sie akkurat und ehrgeizig. Sie sind wahrscheinlich wissbegierig, detailverliebt und neigen dazu, sich im Beruf zu verausgaben. Steht bei Ihnen wie bei mir der Krebs im sechsten Haus, haben Sie vielleicht eine emotionale Bindung zu Ihrer Arbeit. Sie schätzen Routine, die Ihnen Stabilität verleiht, aber mit Stress, vor allem mit beruflichem Stress, können Sie nicht gut umgehen. Steht der fleißige Saturn in diesem Haus, sind Sie wahrscheinlich ein zuverlässiger, pragmatischer Workaholic.

7
SIEBTES HAUS
ELEMENT
Luft
STERNZEICHEN
Waage
HERRSCHERPLANET
Venus
KATEGORIE
Eckhäuser
ASSOZIATIONEN
Beziehungen, Ehe, Bindung, Partnerschaften,
Geschäftsbeziehungen, Verträge, offene Feinde

SIEBTES Haus

Im siebten Haus steht der Deszendent. Es liegt dem ersten Haus, dem Haus des Aszendenten, gegenüber, und markiert einen Schwerpunktwechsel zu den vorhergehenden sechs Häusern, den persönlichen Häusern, die sich um uns selbst und unser alltägliches Leben drehen. Die Häuser sieben bis zwölf sind die zwischenmenschlichen Häuser, da sie unsere Erfahrungen mit anderen Menschen, in der Außenwelt, prägen.

Das siebte Haus wird von der Venus beherrscht und gilt oft als Haus der Ehe oder Partnerschaft. Mit dem dominanten Sternzeichen Waage repräsentiert es die (vorwiegend romantischen, aber auch platonischen) Beziehungen, die wir mit anderen Menschen führen. In diesen Interaktionen zeigt sich unser wahres Ich und in ihnen stärken wir unser Selbstgefühl.

Steht der Saturn in Ihrem siebten Haus, stürzen Sie sich wahrscheinlich nicht übereilt in Beziehungen, sondern sind eher vorsichtig. Ein zusätzlicher Wassermann könnte auf Bindungsängste hindeuten. Das siebte Haus verrät uns, was wir von einem Partner erwarten und wovon wir bewusst und unbewusst angezogen werden. Dieses Haus steht aber nicht nur für erfreuliche Beziehungen, sondern auch für offene Feindschaften. Jede Beziehung beeinflusst unser Leben, manche auf negative Weise. Ein Grund dafür kann sein, dass wir unsere eigenen Ängste oder Bedürfnisse auf andere Menschen projizieren oder wir sie um gewisse Eigenschaften, die wir selbst gern hätten, beneiden. Darüber hinaus wird das siebte Haus auch mit Verträgen und geschäftlichen Partnerschaften assoziiert.

Steht die pragmatische Jungfrau in Ihrem siebten Haus, suchen oder haben Sie vielleicht einen Partner, der fest im Leben verankert ist. Als Erdzeichen steht die Jungfrau für Kommunikation und den Austausch von Ideen und Gedanken. Diese Pesonen brauchen in ihren Beziehungen geistig anregende Gespräche. Steht der Mond in Ihrem siebten Haus, führen Sie wahrscheinlich oft Beziehungen mit Menschen, die Ihnen emotionale Stabilität geben, was aber meistens keine bewusste Entscheidung ist.

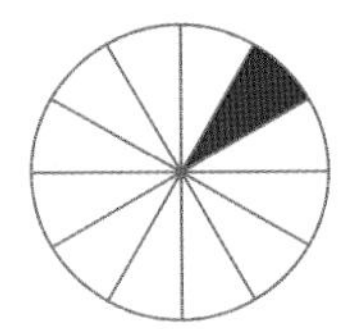

ACHTES *Haus*

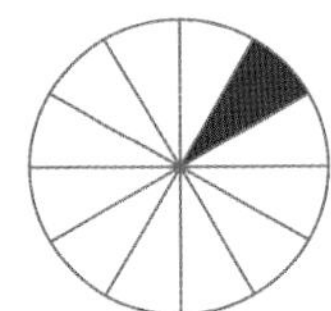

Das achte Haus ist wahrscheinlich das tiefgründigste Haus, da es für komplexe und private oder tabuisierte Themen wie Tod, Sex und Okkultismus steht – also für alles, was verborgen ist, oft sogar vor uns selbst. Um das achte Haus zu verstehen, müssen wir akzeptieren, dass jeder Anfang auch ein Ende hat, aber dass auf das Ende die Wiedergeburt folgt.

Mit Pluto als Herrscherplanet können wir durch den ewigen Kreislauf aus Geburt, Tod und Wiedergeburt so viel über das Leben und uns selbst erfahren, auch wenn dieser Lernprozess emotional schwierig ist. Darum steht das achte Haus auch für Transformation, denn das Erleben dieses Kreislaufs bringt uns wahre Veränderung und ein erweitertes Bewusstsein. Da dieses Haus auch den Tod verkörpert, ist es mit Erbe und Hinterlassenschaften verbunden.

Als zwischenmenschliches Haus konzentriert es sich auf unsere Beziehungen mit anderen, geht aber noch weiter in die Tiefe als das siebte Haus. Es entspricht der chaotischen, wundervollen, schmerzhaften und komplexen Seite der Liebe in einer Beziehung. Dabei geht es jedoch um mehr als nur das Teilen von Ressourcen, wenn wir beginnen, eine tiefere Verbindung einzugehen. Darum wird das achte Haus auch als Haus des Sex bezeichnet, denn unter dem Einfluss des Skorpions verschmilzt ein Paar nicht nur auf materieller und körperlicher Ebene, sondern auch intim beim Geschlechtsverkehr.

Steht bei Ihnen der Stier in diesem Haus, sind Sie ein treuer Partner, aber eher konservativ, was Sexualität und Intimität betrifft. Wer im achten Haus den Schützen stehen hat, ist offen für lustvolle Abenteuer. Der Mars im achten Haus findet sich oft bei sehr leidenschaftlichen Menschen, für die Sex eine große Rolle spielt. Steht hier der Saturn, haben Sie vielleicht große Angst vor dem Tod. Dann können Sie nur schwer loslassen und sträuben sich gegen den Wandel aus Leben, Tod und Wiedergeburt.

Stehen mehr als ein oder zwei Planeten im achten Haus, handelt es sich oft um eine gefühlsbetonte Person, die zu Extremen neigt und wahrscheinlich introvertiert, ernsthaft und verschlossen ist, aber auftaut, wenn sie mit Begeisterung über ihre Interessen spricht.

ELEMENT
Wasser

STERNZEICHEN
Skorpion

HERRSCHERPLANET
Pluto

KATEGORIE
Nachfolgende Häuser

ASSOZIATIONEN
Sex, Tod, Wiedergeburt, Transformation, Intensität, Okkultismus, Tabus, seelisches Leid, Erbe, Schulden, geteilte Ressourcen, das Geld anderer

NEUNTES *Haus*

Das neunte Haus gilt als das Haus der Philosophie und Bildung. Es prägt die Art und Weise, wie wir Wissen erlangen, Informationen verarbeiten und daraus unsere Weltanschauung entwickeln.

Hier beginnt unsere Suche nach dem Sinn des Lebens, die ein enormes Potenzial für persönliches Wachstum birgt. Dank der Energie der Ausdehnung, die der Planet Jupiter bringt, steht dieses Haus für höhere Bildung, oft an einer Universität, und die daraus resultierende geistige Weiterentwicklung. Diese spezialisierte Form des Lernens ermöglicht es uns, einen Interessensbereich zu vertiefen, wobei eigenständiges Denken und Forschen gefördert wird. In diesem Umfeld können wir die Welt entdecken und dabei eigene Ideen, Meinungen und Glaubenssätze fassen. Wir erarbeiten uns hier auch unsere moralischen Prinzipien. Bildung erweitert unseren Horizont und öffnet uns für bereichernde Lern- und Wachstumserfahrungen.

Im neunten Haus geht es um die Ausdehnung unserer inneren und äußeren Welt. Dazu gehört, dass wir uns auch den spirituellen und religiösen Aspekten des Lebens öffnen. Unsere Spiritualität prägt unsere Ansichten, da sie beeinflussen kann, wie wir denken und wie wir die Welt sehen. Dieses Haus steht auch für Reisen in andere Länder und dem Erleben verschiedener Kulturen, wodurch wir mehr über die Welt und uns selbst lernen können.

Das neunte Haus repräsentiert unsere Weltanschauung und Geisteshaltung. Durch den Einfluss des Schützen zeigt es uns, wie freies Denken unseren Geist erweitert. Wenn in Ihrem neunten Haus viele Himmelskörper stehen, haben Sie wahrscheinlich Freude am Lernen, aber auch am Unterrichten, und reisen gern in ferne Länder. Es kann uns zeigen, welchen religiösen oder spirituellen Weg wir einschlagen und in welcher Form er unser Leben beeinflusst.

Steht bei Ihnen wie bei mir der Skorpion im neunten Haus, haben Sie vielleicht ein Interesse an höherer Bildung und anderen Glaubenssystemen – Sie möchten die Geheimnisse des Lebens ergründen. Wassermann neigt zu unkonventionellen Ansichten und das Wasserzeichen Fische nutzt seine starke Intuition, um die Welt zu entdecken. Steht Pluto in diesem Haus, haben Sie den Wunsch, sich weiterzubilden, setzen sich aber oft selbst unter Druck, weil Sie ein Perfektionist sind.

ELEMENT
Feuer

STERNZEICHEN
Schütze

HERRSCHERPLANET
Jupiter

KATEGORIE
Fallende Häuser

ASSOZIATIONEN
Höhere Bildung, Studium, Ausdehnung, Reisen, Philosophie, Spiritualität, Religion, Mystik, Moral, Ethik, weite Reisen

ZEHNTES *Haus*

Das zehnte Haus ist das Haus der Himmelsmitte, das uns verrät, welchen Beruf wir wahrscheinlich ergreifen und in welche Richtung wir unser Leben lenken. Es ist der höchste Punkt in unserem Horoskop und symbolisiert unseren Lebensweg. Aus dieser Perspektive ist alles sichtbar, vor allem unsere soziale Stellung, unser Ruf, wie andere uns sehen und welche Rolle wir in der Gemeinschaft spielen.

Das zehnte Haus prägt die Motivation und Ambitionen in unserem Streben nach Erfolg. Es repräsentiert alle Faktoren, die unser öffentliches Auftreten beeinflussen. Aber es steht für mehr als nur den Ehrgeiz im Beruf, sondern auch für unsere Berufung – wenn wir uns stark zu einer bestimmten Tätigkeit hingezogen fühlen. In diesem Haus sehen wir unsere Qualitäten, die sich entwickeln werden und dazu beitragen, dass wir unsere Berufung erfüllen können – wenn wir Zeit und Mühe investieren. Das zehnte Haus hilft uns zu verstehen, wo wir im Leben hingehören und wie wir dorthin gelangen. Das Erdzeichen Steinbock betont, wie wichtig es ist, mit großem Einsatz an unseren Zielen zu arbeiten. Falls Sie nicht wissen, welchen Beruf Sie ergreifen sollen oder noch nach Ihrer Berufung im Leben suchen, können Ihnen die Planeten und Zeichen, die in Ihrem zehnten Haus stehen, eine Antwort geben.

Der Herrscherplanet Saturn bringt eine gewisse Autorität mit sich, daher repräsentiert das zehnte Haus auch Personen, die in Ihrem Leben eine Machtposition einnehmen. Dazu gehören auch unsere Eltern, denn sie waren die ersten Menschen in unserem Leben, die uns sagten, was wir tun und wie wir uns verhalten sollen. Wenn viele Himmelskörper im zehnten Haus stehen, handelt es sich oft um eine karriereorientierte Persönlichkeit, die genau weiß, wo und wer sie sein will, und die alles tut, um das zu erreichen. Oft ist sie auch in ihrem Umfeld gut bekannt.

Steht Ihr Sonnenzeichen im zehnten Haus, sind Sie wahrscheinlich sehr ehrgeizig, vor allem im Beruf. Sie vertrauen auf Ihre Fähigkeiten und geben vielleicht sogar damit an, aber Sie sind auch dominant und energisch genug, um Ihre Pläne in die Tat umzusetzen. Steht der Widder in Ihrem zehnten Haus, konzentrieren Sie sich auf Ihre Karriere, aber befindet sich dort auch der Skorpion, arbeiten Sie manchmal zu verbissen auf Ihre Ziele hin, weil Sie hochmotiviert sind.

ASSOZIATIONEN

Ehrgeiz, Erwartungen, öffentliches Profil, Beruf, gesellschaftliche Stellung, Berufung, äußeres Umfeld, Autorität, Anerkennung, Verantwortung

11
ELFTES HAUS
ELEMENT
Luft
STERNZEICHEN
Wassermann
HERRSCHERPLANET
Uranus
KATEGORIE
Nachfolgende Häuser
ASSOZIATIONEN
Soziale Gruppen, Freunde, Gruppenaktivitäten, Gesellschaft, Aktivismus, Organisationen, Mitgliedschaften, Hoffnungen, Wünsche, Zugehörigkeit

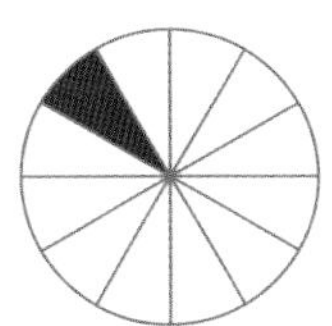

ELFTES *Haus*

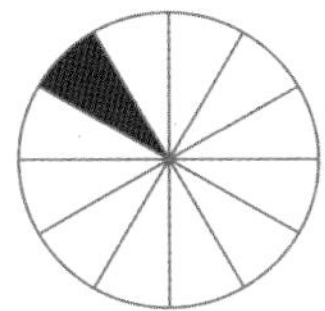

Das elfte Haus symbolisiert, wie wir mit anderen interagieren, besonders innerhalb von Freundschaften, im Bekanntenkreis, in Gruppen und in anderen gesellschaftlichen Kollektiven. Dieses Haus prägt das, was wir mit anderen Personen gemeinsam haben.

Das elfte Haus wird vom Wassermann dominiert und verkörpert auch größere Gruppierungen von Menschen, etwa die Bewohner unseres Heimatorts oder unsere ehemaligen Schulkollegen. Der Herrscherplanet Uranus hilft uns dabei, über unsere irdische Existenz hinauszublicken und unseren Geist zu öffnen. Dieses Haus ist also auch für Religionsgemeinschaften zuständig, da sie Menschen aus allen sozialen Schichten im Glauben und durch gemeinsame Rituale miteinander verbinden. Im Prinzip dreht sich das elfte Haus um unsere Suche nach Zugehörigkeit. Es kann uns ein Gefühl dafür vermitteln, wie gut wir in die Gruppen von Menschen in unserem Leben passen.

Dieses Haus repräsentiert unsere Hoffnungen und Wünsche für die Zukunft. Dabei geht es um die Energie, die wir ins Vorausdenken stecken, um dieses Hoffnungen zu erfüllen. Wichtig ist, dass wir gedanklich aber nicht nur in der Zukunft leben, sondern uns gleichermaßen auf die Gegenwart konzentrieren. Die Zukunft, die wir uns wünschen, beginnt mit dem, was wir im Hier und Jetzt tun. Sind wir zu sehr in der Vergangenheit verhaftet, können wir unser Bewusstsein nicht auf die Zukunft richten, um unsere Hoffnungen und Wünsche wahr zu machen.

Die Zeichen und Planeten, die Ihr elftes Haus besetzen, sagen Ihnen, zu welchen Gruppen Sie sich zugehörig fühlen und wie gut Sie sich darin eingliedern. Ist dieses Haus bei Ihnen eher leer, fällt es Ihnen wahrscheinlich schwerer, sich Gruppen und Organisationen anzupassen, vor allem einer größeren Anzahl von Menschen. Ein dicht besetztes elftes Haus deutet darauf hin, dass Sie sich schnell in Gruppen integrieren und vielleicht sogar eine wichtige Rolle darin spielen.

Steht der Mond in diesem Haus, ist Ihnen ein Gefühl der Zugehörigkeit in Freundschaften sehr wichtig, da es Ihnen die benötigte Stabilität gibt. Oft brauchen Sie Ihre Freunde als emotionale Stütze. In meinem elften Haus steht der Schütze, das heißt, ich schließe gern Freundschaften mit aufgeschlossenen Menschen, die verschiedene Meinungen vertreten. Steht der Wassermann in diesem Haus, brauchen Sie Freiheit in Ihren Freundschaften und bevorzugen es, eine gewisse Distanz zu anderen Menschen zu wahren.

ZWÖLFTES *Haus*

Das zwölfte Haus ist das letzte Haus im Tierkreis und repräsentiert oft ein Ende. Es gilt auch als Haus der Geheimnisse, da es sich mit dem Feinstofflichen und Verborgenen beschäftigt, etwa mit unsichtbaren Dimensionen, Heimlichkeiten und dem Unbewussten.

Mit den dominanten Fischen und dem Herrscherplaneten Neptun symbolisiert das zwölfte Haus alles, was uns aus dem banalen Alltag holt und in andere Welten entführt, wie etwa Träume, Instinkte und intuitive Erkenntnisse. Auch hellseherische Fähigkeiten und andere spirituelle Talente gehören ins zwölfte Haus, genau wie religiöse Rituale und Zeremonien, da sie durch Gebete unser Bewusstsein auf das Mysterium des Göttlichen ausrichten.

Das zwölfte Haus steht auch für unsere Selbstzerstörung – wenn wir (unbewusst) etwas tun, das uns schadet. Diese Kehrseite des zwölften Hauses verkörpert das Leid, das wir uns selbst zufügen, aber auch Feinde, die wir vielleicht haben, ohne sie zu kennen. In dieses Haus gehört auch das Karma, unsere vergangenen Leben und Erfahrungen sowie die Lektionen, die wir in unserem gegenwärtigen Leben lernen müssen. Das zwölfte Haus ist keine leichte Kost. Um seine Energien in vollem Ausmaß zu erleben, müssen wir uns dem ergeben, was größer ist als wir selbst, da wir es ohnehin nicht kontrollieren können.

Menschen, bei denen das zwölfte Haus im Horoskop leer steht, finden seinen mysteriösen, ätherischen Charakter oft schwerer zu verstehen. Wenn Sie jedoch viele Himmelskörper im zwölften Haus haben, fällt es Ihnen um einiges leichter, sich mit dem Unbekannten und Unsichtbaren zu verbinden. Dann haben Sie möglicherweise eine starke Intuition und und hellseherische Fähigkeiten. Steht bei Ihnen in diesem Haus ein persönlicher Planet (Sonne, Mond, Merkur, Venus oder Mars), fühlen Sie sich wahrscheinlich von anderen Menschen häufig missverstanden.

Wenn Sie wie ich den Steinbock im zwölften Haus haben, sind Sie vielleicht ehrgeizig und arbeitsam. Mit Skorpion in diesem Haus neigen Sie möglicherweise zur Geheimnistuerei und verbergen mühelos Ihre wahren Gefühle. Einer der besten Planeten, den man im zwölften Haus haben kann, ist der Jupiter, denn dann beschützt er uns mit seiner unsichtbaren Energie und bringt uns Glück. Da dieses Haus mit Karma und Vorleben assoziiert wird, bedeutet Neptun an dieser Position im Horoskop, dass Sie die Ängste, die Sie in früheren Leben hatten, mit in Ihre gegenwärtige Inkarnation genommen haben.

12
ZWÖLFTES HAUS
ELEMENT
Wasser
STERNZEICHEN
Fische
HERRSCHERPLANET
Neptun
KATEGORIE
Fallende Häuser
ASSOZIATION
Karma, Zurückgezogenheit, Geheimnisse, verborgene Dimensionen, Unterbewusstes, Unbewusstes, Selbstzerstörung, Leiden, Realitätsflucht, Intuition, Glaube, Göttlichkeit, Ende, Vorleben

1.
Was sagen mir die leeren Häuser im Horoskop?

2.
Welche Lektionen habe ich ihnen zufolge in früheren Leben schon gelernt?

3.
Wie kann ich in meinem Leben von diesen Lektionen profitieren?

4.
Welche verborgenen Talente und Fähigkeiten zeigen sie?

5.
Wie offenbaren sie meine Stärken?

6.
Welchen Hauptschwerpunkt zeigen die vollen Häuser für mein Leben?

LEERE *Häuser*

Ein leeres Haus ist kein Grund zur Sorge. Leere Häuser, also solche, in denen im Geburtshoroskop keine Gestirne stehen, kommen sogar recht häufig vor.

In jedem Horoskop kommen alle Planeten irgendwo vor, aber da sie über 12 astrologische Häuser verstreut sind, bleiben bei jedem Menschen zumindest zwei Häuser leer. Auch die 12 Tierkreiszeichen sind nicht unbedingt gleichmäßig auf die 12 Häuser verteilt. Manche befürchten, ein leeres Haus im Geburtsdiagramm bedeute, dass die betreffenden Lebensbereiche für uns keine Rolle spielen werden, aber das ist überhaupt nicht so.

Ein leeres Haus bedeutet nicht, dass Sie die von diesem Haus verkörperten Bereiche gar nicht erleben werden, aber es kann darauf hinweisen, dass sie nicht den Schwerpunkt Ihres Daseins ausmachen. Beispielsweise heißt ein leeres siebtes Haus nicht, dass Sie nie heiraten oder eine ernsthafte Beziehung führen werden. Aber wahrscheinlich gehört die Ehe für Ihre Seele in ihrer gegenwärtigen Inkarnation nicht zu den wichtigsten Lebenserfahrungen, die sie braucht, um zu lernen und sich weiterzuentwickeln.

Die Häuser mit einem oder mehreren Planeten können Ihnen zeigen, welche Bereiche in Ihrem Leben für den Weg Ihrer Seele wichtiger sind und daher in dieser Inkarnation intensiver erfahren werden. Bei einem leeren Haus können Sie sich auch an den Sternzeichen darin orientieren, um herauszufinden, wie sich die Themen dieses Bereichs Ihres Horoskops auf Ihr Leben auswirken werden.

Leere Häuser sollten also nicht ignoriert werden – sie sind genauso wichtig wie die Häuser, in denen sich Gestirne befinden. Sie betonen jene Bereiche, die für Sie weniger schwierig sind, da Sie dort in früheren Leben bereits viel gelernt haben. So gesehen können leere Häuser auch verborgene Talente und Fähigkeiten offenbaren, aber auch Stärken, die Sie sich im Laufe von vergangenen Leben erarbeitet haben. Die Astrologie schickt Sie auf eine Entdeckungsreise der Selbstfindung und die leeren Häuser in Ihrem Horoskop sind ein Teil des Weges. Falls Sie ein oder mehrere leere Häuser in Ihrem Geburtshoroskop haben, ist das Tarot-Legemuster auf der linken Seite für Sie. Es wird Ihnen mehr über die Bedeutung Ihrer leeren Häuser verraten, welche Stärken und Talente sie offenbaren und wie Sie diese in Ihrem gegenwärtigen Leben nutzen können.

ECKHÄUSER
NACHFOLGENDE HÄUSER
FALLENDE HÄUSER
1.
Wie wirkt sich die Energie dieser Häuser auf mein Leben aus?
1.
Wie wirken sich die nachfolgenden Häuser auf mein Leben aus?
1.
Wie wirkt sich die Energie meiner fallenden Häuser auf mein Leben aus?
2.
Wie kann ich mich mit der dynamischen Energie dieser Häuser verbinden?
2.
Welcher Bereich meines Lebens benötigt mehr Stabilität?
2.
Wie wirken sich diese Häuser auf mein Innenleben aus?
3.
Wie kann ich diese Energie für positive Veränderungen nutzen?
3.
Wie kann ich mehr Stabilität und Beständigkeit ins Leben bringen?
3.
Wie wirkt sich die Energie dieser Häuser auf meine Beziehungen aus?

ECKHÄUSER, FALLENDE HÄUSER *und nachfolgende Häuser*

Die 12 Häuser sind in drei Kategorien unterteilt: Eckhäuser, nachfolgende Häuser und fallende Häuser. Schauen wir uns nun alle drei etwas genauer an.

Eckhäuser

Zu den Eckhäusern gehören in jedem Geburtshoroskop das erste Haus (mit dem Aszendenten), das vierte Haus (mit dem Imum Coeli), das siebte Haus (mit dem Deszendenten) und das zehnte Haus (mit der Himmelsmitte). Diese Häuser haben im Horoskop den stärksten Einfluss, denn sie verkörpern selbstaktivierende Energien, die sich auf unser gesamtes Leben auswirken können. Sie herrschen über Lebensbereiche wie Identität, Beziehungen und Familie. Die Eckhäuser entsprechen den Tierkreiszeichen Widder, Krebs, Waage und Steinbock – lauter Kardinalzeichen, die mit dynamischen, handlungsorientierten Energien assoziiert werden. Planeten, die in diesen Häusern stehen, gelten als die einflussreichsten im Diagramm. Sie verraten uns den Ursprung unserer Begeisterung und Motivation.

Nachfolgende Häuser

Zu ihnen gehören das zweite, fünfte, achte und elfte Haus. Ihre herrschenden Tierkreiszeichen sind Stier, Löwe, Skorpion und Wassermann (lauter feste Zeichen). Die nachfolgenden Häuser werden mit Stabilität und materiellen Ressourcen assoziiert. Sie zeigen uns die Resultate von allem, was mit den Eckhäusern beginnt. Die nachfolgenden Häuser betonen die Lebensbereiche, in denen wir Stabilität und Beständigkeit in wichtigen Angelegenheiten wie Liebe, Freundschaft oder Kinder brauchen. Diese Häuser besitzen eine verlässliche, gleichbleibende Energie, die weniger intensiv wie jene der Eckhäuser ist. Planeten, die in den nachfolgenden Häusern stehen, zeigen uns, was uns wichtig ist, und symbolisieren manchmal auch unsere Wünsche.

Fallende Häuser

In diese Kategorie gehören das dritte, sechste, neunte und zwölfte Haus mit ihren Herrscherzeichen Zwillinge, Jungfrau, Schütze und Fische (lauter bewegliche Zeichen). Planeten oder Zeichen, die in den fallenden Häusern stehen, wirken sich weniger stark auf unser Leben aus, was aber nicht heißt, dass sie keinen Einfluss haben. Die fallenden Häuser prägen vor allem unser Innenleben sowie die Interaktionen und den Energieaustausch mit anderen Menschen, etwa die Beziehung zu unseren Geschwistern (falls vorhanden), unser Pflichtbewusstsein und unsere Hingabe. Außerdem können sie uns Aufschluss über unsere Berufung geben.

KONJUNKTION
SEXTIL
SEXTIL
QUADRAT
QUADRAT
TRIGON
TRIGON
OPPOSITION

6

ASPEKTE

Um ein Geburtsdiagramm richtig lesen zu können, muss man nicht nur die Platzierung und Verteilung aller Himmelskörper in den 12 Häusern berücksichtigen, sondern auch die Zusammenhänge zwischen ihnen und wie sie sich gegenseitig beeinflussen. Die astrologischen Aspekte messen die Winkelabstände zwischen den Planeten. Die daraus entstehenden geometrischen Formen helfen uns, die vielen komplexen Beziehungen zwischen den Gestirnen im Horoskop zu verstehen und zu deuten.

Das Horoskopdiagramm ist eine 360-Grad-Ansicht des Himmels zum genauen Zeitpunkt der Geburt. Es wird in 12 Felder unterteilt – die 12 Häuser. Jedes Haus entspricht einem Winkel von 30 Grad, wie Sie im leeren Diagramm auf der gegenüberliegenden Seite sehen können. Jeder Planet im Horoskop hat seine eigenen Koordinaten, die in Grad angegeben werden, gefolgt von einer Zahl für die Minuten (die Einheiten, in die ein Grad unterteilt wird). Die Aspekte vergleichen einen Planeten und seine Position in einem Haus und Sternzeichen mit der eines anderen Planeten. Aus ihnen geht hervor, wie sich die Energien der Planeten und Zeichen in unserem Leben manifestieren. Die Gestirne im Geburtshoroskop sind nicht isoliert zu betrachten. Manche haben dominante Energien, die sich auf Planeten in ihrem Umfeld auswirken. Manchmal ergänzen sich die Energien mehrerer Planeten, manchmal kommen sie sich aber auch in die Quere. Manche der Energien sind subtil, können aber durch die Einwirkung eines anderen Planeten verstärkt werden.

Die Aspekte werden in Haupt- und Nebenaspekte unterteilt. In diesem Kapitel erfahren Sie, wie Ihnen die Aspekte beim Deuten Ihres Geburtshoroskops helfen können und was die wichtigsten Hauptaspekte bedeuten.

DIE HAUPT-Aspekte

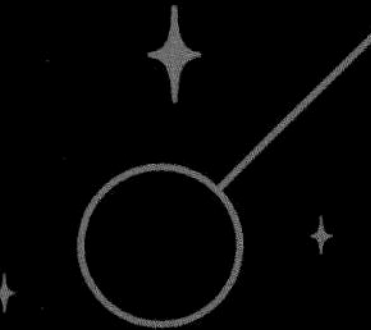

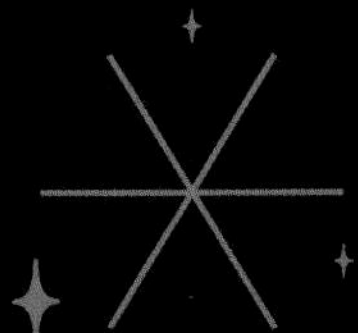

Konjunktion

In der Astrologie entsteht eine Konjunktion, wenn zwei oder mehrere Himmelskörper von der Erde aus betrachtet eng beieinanderstehen. Im Geburtsdiagramm befinden sie sich dann oft in einem Winkel von 0 Grad und fast immer im selben Tierkreiszeichen, manchmal aber auch in zwei nebeneinanderliegenden Zeichen, wenn sie etwas weiter auseinanderstehen. Die Eigenschaften der beteiligten Gestirne werden dadurch kombiniert und verstärkt. Ergänzen sich die Planeten gut, entsteht Wachstumspotenzial. Sind ihre Energien jedoch inkompatibel, könnte das auf ein Problemfeld in Ihrem Leben hinweisen. Auch das Zeichen und das Haus, in dem die Himmelskörper stehen, verrät uns mehr über die Konjunktion und wie sie sich auf Ihr Leben auswirken kann.

Sextil

Ein Sextil tritt auf, wenn die Planeten (oder andere Himmelskörper) in einem Winkel von 60 Grad zueinander stehen. Das entspricht dem Umfang von zwei Tierkreiszeichen. Ein Sextil gilt als positiver Aspekt und entsteht zwischen Planeten, die dieselbe männliche oder weibliche Energie besitzen – Erde und Wasser (weiblich, Yin) und Feuer und Luft (männlich, Yang). Solche Planeten ergänzen sich gut, da sie ähnliche Schwingungen haben. Ihre Energien stimulieren und inspirieren, das heißt, ein Sextil im Geburtshoroskop offenbart möglicherweise Talente und Fähigkeiten, die nur darauf warten, angezapft zu werden. Allerdings muss man sie sich erst erarbeiten. Das Haus, in dem das Sextil steht, verrät uns, welche Lebensbereiche dieser Aspekt beeinflusst. Das Sextil ist ein passiver und kein aktiver Aspekt, was aber nicht bedeutet, dass wir im Leben alles geschenkt bekommen. Es bringt vielleicht keine starke Dynamik, ist aber auch kein störender Faktor.

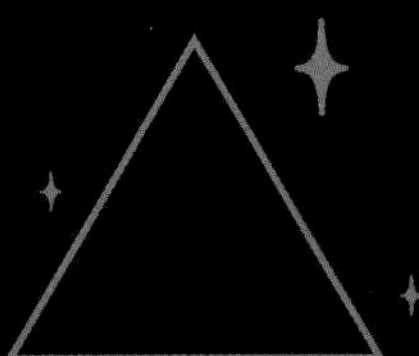

Trigon

Bei einem Trigon stehen zwei Planeten im Abstand von 120 Grad zueinander. Diese Planeten befinden sich meist in Zeichen, die demselben Element angehören, sodass sie eine unkomplizierte Beziehung zueinander haben. Ihre Energien fließen ungestört. Manchmal erzeugt ein Trigon so angenehme Energien, dass sie gar nicht bemerkt werden. Aber ein Umfeld, in dem wir keine Probleme lösen und daraus wachsen können, kann uns faul und selbstgefällig machen. Enthält Ihr Geburtshoroskop ein Trigon, schauen Sie, in welchem Haus und Zeichen es sich befindet, denn das sind die Lebensbereiche, die es beeinflusst. Sonne, Merkur und Venus können übrigens kein Trigon miteinander bilden, da sie nie in einem Winkelabstand von 120 Grad zueinander stehen.

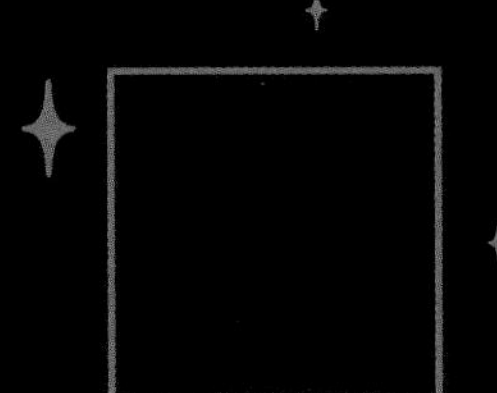

Quadrat

Ein Quadrat entsteht, wenn zwei Planeten drei Tierkreiszeichen weit auseinander stehen, also in ungefähr 90 Grad Abstand. Im Gegensatz zum Sextil und dem Trigon ist das Quadrat ein intensiver, dynamischer Aspekt, der Ihre Aufmerksamkeit auf die von den beteiligten Planeten verkörperten Themen lenkt. Es entsteht zwischen Planeten, deren Tierkreiszeichen dieselbe Polarität aufweisen, und ist ein unbequemer, unharmonischer Aspekt. Zwei Planeten im Quadrat können problematisch sein, da sie ihre schlechtesten Eigenschaften gegenseitig verstärken. Sie symbolisieren Hindernisse in den Lebensbereichen der Zeichen und Häuser, in denen sie stehen. Ein Quadrat im Geburtshoroskop macht Sie durch Konflikte und Probleme auf gewisse Bereiche aufmerksam. Es zeigt auch, wie Sie dort für mehr Harmonie sorgen können.

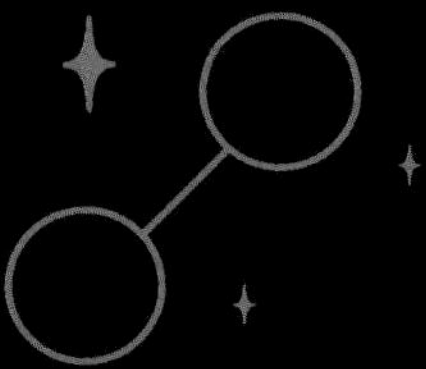

Opposition

Bei einer Opposition stehen sich zwei oder mehrere Planeten im Abstand von 180 Grad genau gegenüber. Dieser Aspekt repräsentiert Dualität, da die Planeten oft gegensätzliche Themen verkörpern. Das erzeugt Stress, Spannungen und Unentschlossenheit. Enthält Ihr Horoskop eine Opposition, zeigt sie die Lebensbereiche, in denen Sie beide Seiten beachten müssen. Die Planeten werden entweder einen Kompromiss eingehen und einen Mittelweg finden oder ein Planet wird den anderen unterwerfen. Dieser Aspekt gipfelt oft darin, dass eine Seite der anderen vorgezogen wird.

DIE NEBEN-*Aspekte*

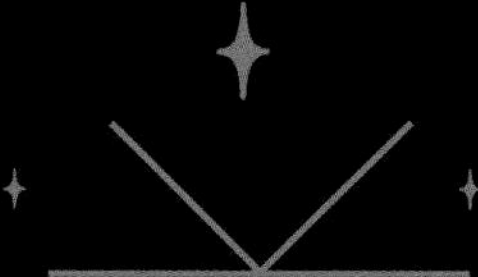

Halbsextil

Ein Halbsextil ist ein Aspekt, bei dem zwei Planeten im Abstand von 30 Grad zueinander stehen – also ein halbes Sextil. Es nimmt ein Tierkreiszeichen ein und verbindet zwei Planeten, die in Zeichen ohne Gemeinsamkeiten stehen, was Spannungen erzeugt. Darum kann sich dieser Aspekt problematisch anfühlen. Häufig wird das Halbsextil nicht am eigenen Leib erlebt, sondern durch das Verhalten anderer Menschen. Es bringt aber nicht nur Schwierigkeiten, sondern lenkt unsere Aufmerksamkeit oft auf Lebensbereiche, in denen wir besondere Chancen ergreifen können, die aber auch leicht übersehen werden. Die Häuser und Zeichen, in denen die Planeten im Halbsextil stehen, verraten Ihnen, welche Möglichkeiten sich Ihnen bieten werden. Dieser Nebenaspekt hat ein sanftes Wesen und macht sich nicht stark bemerkbar.

Halbquadrat

Beim Halbquadrat stehen zwei Planeten im Abstand von 45 Grad zueinander. Es zeigt, wo sich in unserem Leben Blockaden und innere Spannungen aufstauen und wo sie aufgelöst werden müssen. Ein Halbquadrat in Ihrem Geburtsdiagramm verrät Ihnen, in welchen Bereichen Sie unflexibel sind und wo Sie sich neuen Wegen und Ideen öffnen müssen. Das Halbquadrat ist ein etwas schwieriger Aspekt, der Selbstzweifel und Frust erzeugen kann. Er birgt jedoch auch das Potenzial für persönliches Wachstum. Die Häuser und Zeichen, in denen die beteiligten Planeten stehen, verraten uns, welche Lebensbereiche dieser Aspekt beeinflusst und wie Sie die Blockaden beseitigen können. Das Halbquadrat ähnelt in seinem Wesen dem Quadrat, ist aber etwas schwächer.

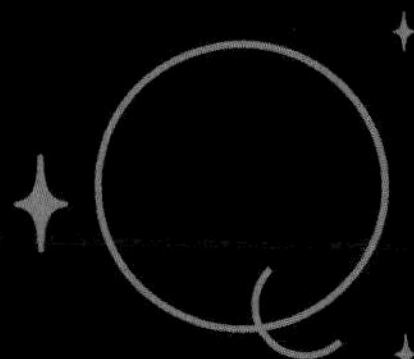

Quintil

Beim Quintil beträgt der Winkel zwischen den beiden Planeten 72 Grad, was ein Fünftel im Diagramm ausmacht. Diese Zahl kommt heraus, wenn man die 360 Grad des Tierkreises durch fünf teilt. Das Quintil verkörpert Kreativität, Talent und sogar das gelegentliche Genie, da es die spezialisierte, kraftvolle Energie der Originalität kanalisiert. Es kann verborgene Talente offenbaren. Enthält Ihr Horoskop ein Quintil, sagen Ihnen die Häuser und Zeichen, in denen die Planeten stehen, welche Lebensbereiche dieser Aspekt auf welche Weise beeinflusst.

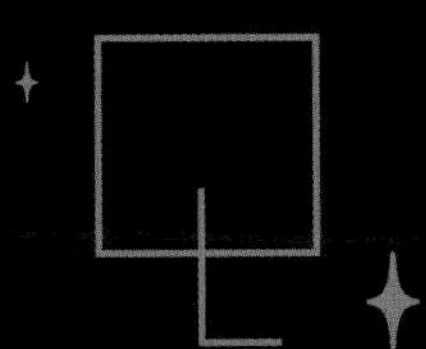

Anderthalbquadrat

Das Anderthalbquadrat, bei dem die Planeten im Abstand von 135 Grad stehen, ist ein schwieriger Aspekt. Seine Energie ist starrsinnig und erzeugt Spannungen – in welchem Lebensbereich das der Fall ist, bestimmen das Haus und das Zeichen, in denen es steht. Die Planeten dieses Aspekts stehen in Zeichen mit sehr unterschiedlichen Energien, sodass beide Seiten hier nur schwer zu vereinbaren sind. Das Anderthalbquadrat ähnelt dem Quadrat und dem Halbquadrat und kann innere Konflikte herbeiführen, die langanhaltende äußere Probleme erzeugen.

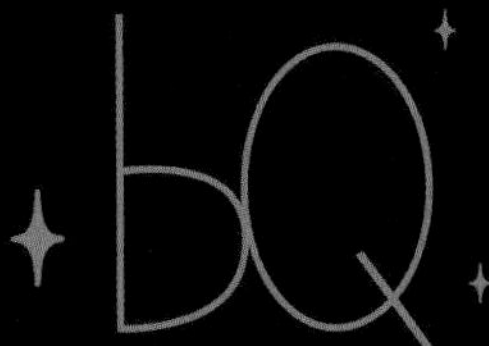

Biquintil

Das Biquintil ist ein seltener Nebenaspekt, der entsteht, wenn zwei Planeten im Abstand von 144 Grad zueinander stehen, also zwei Fünftel des 360-Grad-Diagramms einnehmen. Es verkörpert Talent und Kreativität, aber auch Potenzial, vor allem geistiges. Ein Biquintil ähnelt in seiner Wirkung dem Quintil, sein Einfluss ist aber nicht so stark. Es kann Sie auf ungenutztes Potenzial aufmerksam machen.

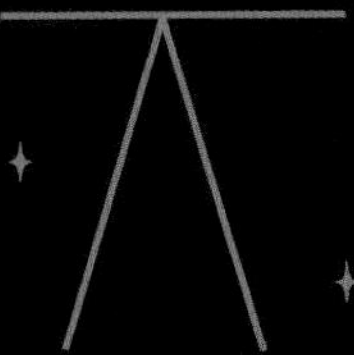

Quinkunx

Bei einem Quinkunx stehen die Planeten in einem Abstand von 150 Grad zueinander. Diese Planeten haben überhaupt nichts gemeinsam. Ihre Elemente, Zeichen und Modalitäten sind komplett verschieden. Das erzeugt Spannungen, Gereiztheit und Stress, sodass man einen Weg finden muss, diese unterschiedlichen Energien zu integrieren. Dieser Aspekt fordert uns heraus, aber er bietet uns auch Wachstumschancen und hebt Probleme hervor, die wir bearbeiten müssen.

ASPEKT-
Figuren

GROSSES KREUZ

Tauchen Aspekte im Geburtshoroskop (oder einem anderen astrologischen Diagramm) auf, bilden sie charakteristische Formen, die man leicht erkennt. Diese Aspektfiguren bilden eine weitere Deutungsebene Ihres Horoskops. Meist bestehen sie aus drei oder mehreren Planeten, die durch bestimmte Aspekte verbunden sind. Dabei entsteht eine geometrische Form auf der Horoskopgrafik. Ein großes Kreuz wird aus zwei Oppositionen und vier Quadraten gebildet. Diese Konstellation kommt nur selten vor und seine intensive Energie kann sich unangenehm anfühlen und Spannungen, Frust und Probleme erzeugen. Sie enthält aber auch Potenzial und die Chance, auf unsere Ziele hinzuarbeiten, was aber nicht leicht wird. Nur ein großer Einsatz über einen langen Zeitraum führt zum Erfolg, aber wenn wir die Energie des großen Kreuzes richtig nutzen, können wir die Spannungen, die diese Aspektfigur erzeugt, auflösen.

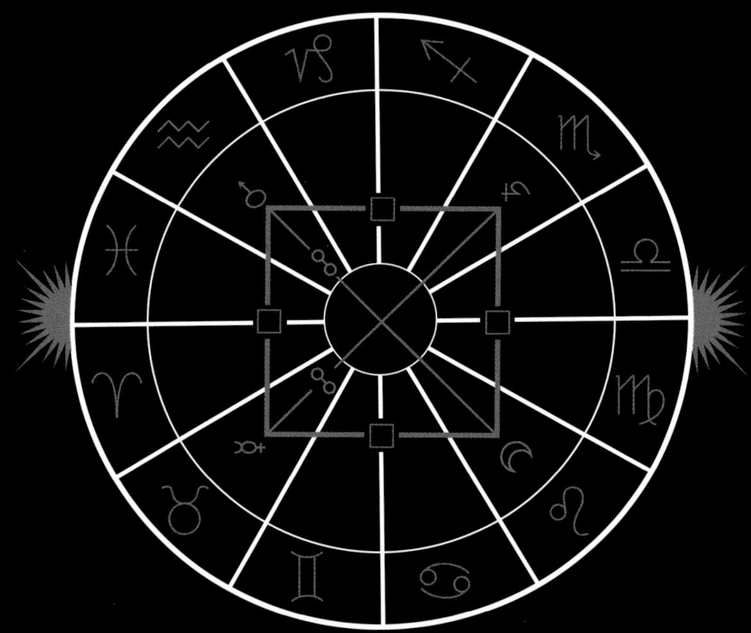

STELLIUM

Ein Stellium (in älteren Astrologietexten auch *Satellitium* genannt) entsteht, wenn drei oder mehr Planeten in Konjunktion stehen (oder sehr eng beieinander), meist innerhalb eines Tierkreiszeichens. Man kann mehr als ein Stellium im Geburtshoroskop haben, aber das kommt nur selten vor. Zählt man Sonne oder Mond in der Konstellation, braucht es vier Planeten, um ein Stellium zu bilden. Im Geburtshoroskop zeigt sich diese Aspektfigur als kleine Gruppe von Planeten, die nahe beisammen stehen, wie auf dem unteren Bild gezeigt. Ihre Energien verschmelzen und werden eins. Wie sich das in Ihrem Leben manifestiert, hängt davon ab, in welchem Zeichen und in welchem Haus das Stellium steht. Diese Aspektfigur ist energetisch aufgeladen und die Eigenschaften der beteiligten Planeten werden einen starken Einfluss auf Ihr Leben haben. Ein Stellium in Ihrem Geburtshoroskop kann Ihnen helfen, Ihre Kernpersönlichkeit besser zu verstehen. Fällt es Ihnen schwer, sich mit Ihrem Sonnenzeichen zu verbinden, werden Sie sich wahrscheinlich besser mit dem Zeichen, in dem Ihr Stellium steht, identifizieren können. Finden Sie heraus, welches das ist und informieren Sie sich darüber. Es kann gut sein, dass dieses Zeichen Ihre Persönlichkeit besser widerspiegelt.

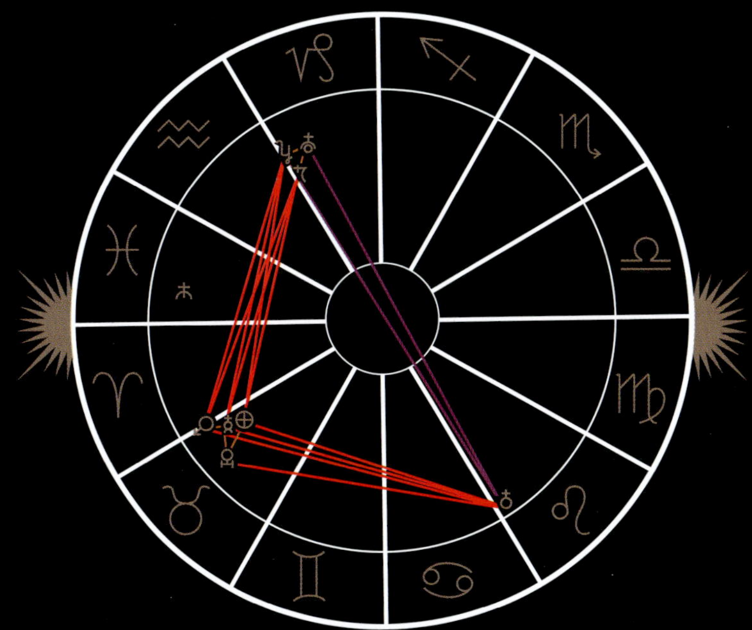

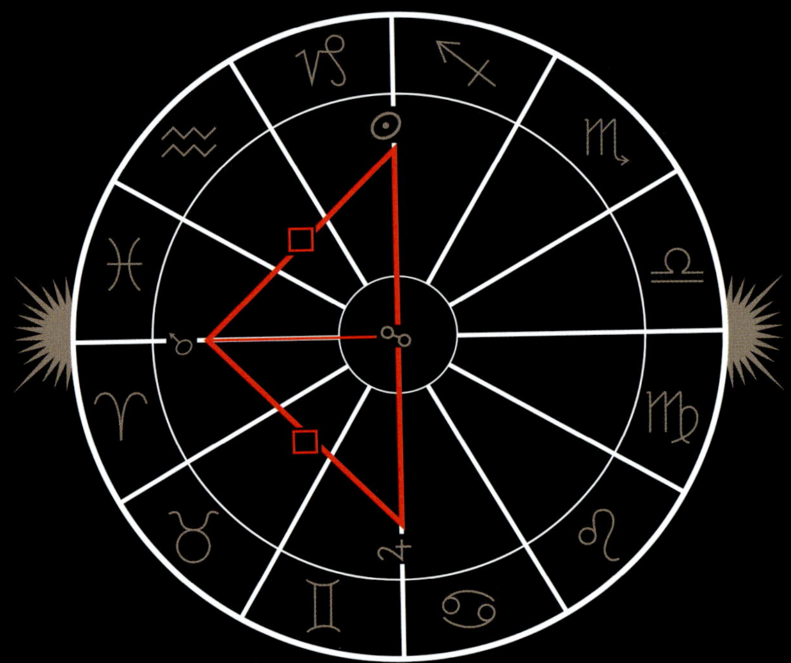

T-QUADRAT

Bei einem T-Quadrat stehen zwei Planeten in einem Abstand von 180 Grad und bilden mit einem dritten Planeten ein Quadrat (90 Grad). Der dritte Planet bildet die Spitze (den Apex)und ist der wichtigste Punkt dieser Aspektfigur, da er als verbindender Mittler zwischen den gegensätzlichen Planeten auftritt. Schauen Sie nach, welche Häuser und Zeichen in Ihrem Geburtsdiagramm vom T-Quadrat belegt sind. Diese Planeten haben nichts gemeinsam, darum gilt diese Figur auch als „harter" Aspekt, da sie ähnlich wie das große Kreuz Spannungen und Blockaden erzeugt. Ein T-Quadrat im Geburtshoroskop bringt Nachteile mit sich, aber es birgt auch das Potenzial für etwas Positives. Diese Aspektfigur kann motivierend wirken, da sie uns drängt, die neu entstandenen Blockaden zu bearbeiten, und uns auch Hinweise gibt, wie uns das gelingen kann.

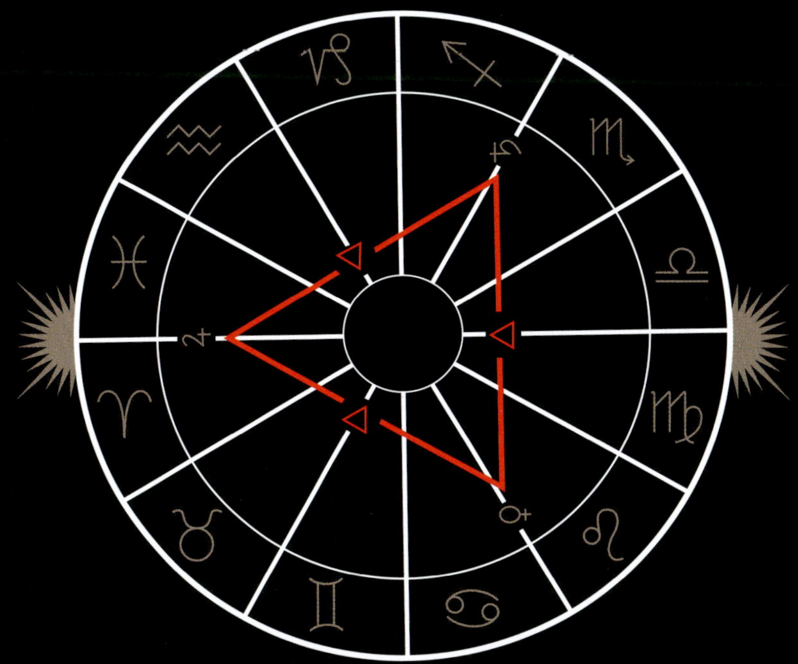

GROSSES TRIGON

Ein großes Trigon entsteht, wenn drei oder mehr Planeten so zueinander stehen, dass sie ein gleichseitiges Dreieck bilden. Es gilt als „weicher" Aspekt, da es hilfreiche und konstruktive Energien verkörpert und keine Spannungen erzeugt. Diese Aspektfigur wird als Geschenk des Universums angesehen. Steht in Ihrem Horoskop also ein großes Trigon, wird es Ihnen Glück bringen und Chancen eröffnen, da zwischen den Planeten eine angenehme Beziehung besteht. Ihr harmonischer Energiefluss schärft unser Verständnis und unseren Weitblick, stärkt unser Selbstvertrauen und macht uns hoffnungsvoll und optimistisch. Ein großes Trigon hat stärkere Energien, wenn seine Planeten in Zeichen desselben Elements stehen, und schwächere, wenn die Zeichen, in denen die Planeten stehen, gegensätzlichen Elementen angehören.

DER RÜCKLÄUFIGE

MERKUR IST SCHULD

7 Rückläufige Planeten

Den Begriff „rückläufig" haben Sie wahrscheinlich schon einmal gehört. Seit einigen Jahren taucht er auch immer häufiger in den sozialen Medien auf. Ein rückläufiger Planet bewegt sich von der Erde aus gesehen scheinbar entgegen seiner normalen Bewegungsrichtung. Dabei handelt es sich um eine optische Täuschung, denn die Himmelskörper bewegen sich nicht wirklich in die Gegenrichtung. Zur Rückläufigkeit kommt es, wenn die Erde auf ihrer Umlaufbahn kreist und entweder einen anderen Planeten in dessen Bahn passiert oder ein anderer Planet an ihr vorbeizieht. Dann erscheint es von der Erde aus so, als würde sich der Planet rückwärts über den Himmel bewegen.

Zur Rückläufigkeit gibt es mittlerweile viele negative Meinungen, die sich für gewöhnlich (und ungerechterweise) auf den rückläufigen Merkur richten. Dieses Kapitel wird das Thema aber noch genauer beleuchten. Alle neun Planeten können rückläufig werden, aber wie oft das geschieht und wie lange diese Phase dauert, ist bei jedem Planeten anders. Es kann sogar sein, dass einige Planeten zum Zeitpunkt Ihrer Geburt gerade rückläufig waren. Auf den folgenden Seiten beschäftigen wir uns mit den rückläufigen Planeten unseres Sonnensystems und dem Einfluss, den sie auf unser Leben haben können, besonders, wenn sie in unserem Geburtshoroskop vorkommen. Außerdem erfahren Sie, wie Sie von ihren Energien profitieren können. Diese Himmelsbewegung hat nicht unbedingt mit Chaos und Katastrophen zu tun, sondern sie kann uns Chancen eröffnen und positiven Nutzen bringen.

RÜCKLÄUFIGER MERKUR: *Schrecken oder Chance?*

Der rückläufige Merkur hat besonders in den sozialen Medien einen Ruf als Schreckensbringer erlangt. Während dieser Phase werden zahlreiche „Überlebenstipps" gepostet, wie etwa: „Schließt bei rückläufigem Merkur bloß keine Verträge ab und trefft keine wichtigen Entscheidungen!"

Da dieser Planet vorwiegend für Kommunikation steht, wirkt sich seine Rückläufigkeit auf diesen Lebensbereich störend aus. Sie wird auch mit Missverständnissen sowie technischen Problemen in Verbindung gebracht. Außerdem kann sie Reisen unterbrechen und unsere Aufmerksamkeit auf die Vergangenheit lenken.

Der rückläufige Merkur ist zweifellos eine schwierige Zeit, aber es stimmt nicht, dass er vorwiegend für Chaos und Störungen sorgt. Seine Energie, die unseren Blick nach innen richtet, kann auch positiv genutzt werden, etwa für Introspektion und Selbsterkenntnis.

Der rückläufige Merkur führt uns gedanklich in die Vergangenheit. Daher bietet uns diese Zeit die beste Gelegenheit, unvollendete Projekte fertigzustellen, besonders wenn diese mit Schreiben, Lesen oder Recherchieren zu tun haben. Wir bekommen die Chance, einiges, was uns im Leben nicht mehr dienlich ist, neu zu gestalten, zu bewerten und zu betrachten. Das Sternzeichen, in dem der rückläufige Merkur steht, verrät Ihnen, welche Lebensbereiche er wahrscheinlich beeinflusst und welchen Sie mehr Aufmerksamkeit schenken müssen, um diese Phase bestmöglich zu nutzen. Der rückläufige Merkur macht alles etwas langsamer und gibt uns die Möglichkeit, Kontakte zu Freunden und Familienmitgliedern wieder aufzufrischen oder die Verbindung zu unserem Partner zu stärken.

War Merkur zum Zeitpunkt Ihrer Geburt gerade rückläufig (wie bei mir), werden Sie diese Zeit anders erleben als Personen, bei denen das nicht der Fall war. Da dieser Planet unser Denken prägt, sind Menschen, die bei rückläufigem Merkur geboren wurden, oft sehr intelligent und befinden sich geistig auf einem ganz eigenen Niveau. Das kann die Kommunikation erschweren. Steht in Ihrem Geburtshoroskop der rückläufige Merkur, können Ihnen Ihr Sternzeichen und sein Element mehr Aufschluss darüber geben, warum Sie so denken, wie Sie denken.

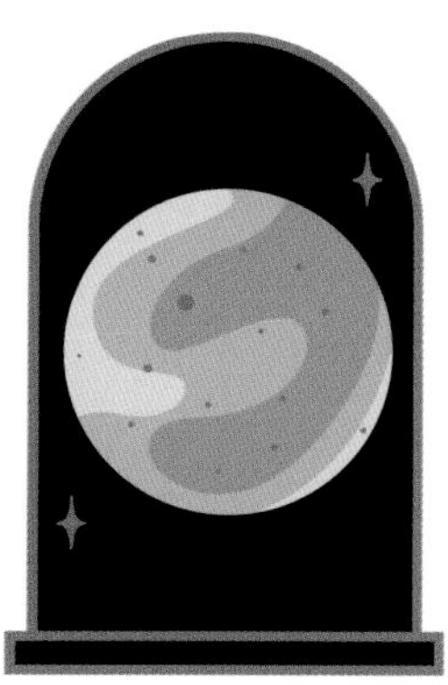

RÜCKLÄUFIGER MERKUR

ASSOZIATIONEN

Fehlkommunikation, Störungen, technische Schwierigkeiten, Missverständnisse, Reiseprobleme, die Vergangenheit, rückwärts, wieder aufgreifen, erneut prüfen, neu bewerten, Selbstwahrnehmung

RÜCKLÄUFIGE *andere Planeten*

Alle Planeten haben rückläufige Phasen, deren Häufigkeit und Dauer je nach Planet unterschiedlich ist. Die Rückläufigkeit wird mit einer rückwärts gerichteten Bewegung assoziiert. Sie kann störende Energien bringen, führt aber nicht notwendigerweise ins Chaos und Verderben. Haben Sie einen oder mehrere der folgenden rückläufigen Planeten in Ihrem Geburtshoroskop, werden Sie ihre Auswirkungen im Leben stärker zu spüren bekommen.

Venus

HÄUFIGKEIT: Alle 18 Monate

DAUER: 40 Tage

Ist der Planet der Liebe und Schönheit rückläufig, offenbaren sich die Schwachpunkte in unseren Beziehungen. Vielleicht tauchen alte Probleme, die wir schon für gelöst hielten, wieder auf. Auch die Wahrscheinlichkeit, dass es zu Missverständnissen kommt, steigt. Die Venus drängt uns manchmal auch zu spontanen Veränderungen unseres Aussehens, die wir später bereuen.

Die rückläufige Venus gibt uns die Chance, unsere Beziehungen neu zu bewerten und bestehende Probleme zu lösen. Diese Zeit ist eine gute Gelegenheit, um sich bewusst zu machen, was wir im Leben wertschätzen. Dazu gehört auch, dass wir unser Selbstwertgefühl stärken.

Mars

HÄUFIGKEIT: Alle 2 Jahre

DAUER: 55–80 Tage

Der rückläufige Mars beeinträchtigt unseren Antrieb und macht es uns schwer, etwas zu erreichen. In dieser Zeit kommen vielleicht manche der Projekte, an denen wir gerade arbeiten, zum Stillstand. Auch in anderen Lebensbereichen kommt es zu Verzögerungen. Der Kriegsplanet Mars birgt in dieser Phase ein höheres Konfliktpotenzial.

Da der rückläufige Mars alles verlangsamt, können wir die Zeit für eine Auszeit nutzen, vor allem, wenn wir sehr fleißig waren. Überlegen Sie nun, wie Sie an Ihren Zielen weiterarbeiten werden, wenn der Mars wieder direktläufig ist.

Jupiter

HÄUFIGKEIT: Einmal im Jahr

DAUER: 120 Tage

Ist der Planet der Ausdehnung rückläufig, lenkt er unsere Aufmerksamkeit auf unser Inneres. Der Jupiter ist der sanfteste rückläufige Planet und lässt uns in dieser Zeit etwas verhaltener auftreten. Er kann Verspätungen verursachen und uns auf überraschende Umwege führen.

Nutzen wir seine Energie, um ganz bewusst über unser persönliches Wachstum nachzudenken und uns zu fragen, ob unser Leben wirklich den Werten unseres höheren Selbst entspricht.

Saturn

HÄUFIGKEIT: Einmal im Jahr

DAUER: 140 Tage

Saturn, der Planet der Disziplin und des Karmas, steht für Grenzen und Einschränkungen. Er offenbart uns karmische Schulden, die wir begleichen müssen, und karmische Lektionen, die es noch zu lernen gilt. Es geht darum, das Vergangene wieder aufzugreifen und Pflichten, vor denen wir uns drücken, zu erfüllen.

Der rückläufige Saturn gibt uns die Chance, das Jahr, das seit seiner letzten Rückläufigkeit vergangen ist, aufzuarbeiten und herauszufinden, wo es noch Probleme zu lösen gibt. Diese Zeit eignet sich gut, um Pläne zu schmieden, die uns helfen, unsere Ziele zu erreichen, besonders im beruflichen Bereich.

Uranus

HÄUFIGKEIT: Einmal im Jahr

DAUER: 150 Tage

Uranus ist für seine unberechenbare, launische und wechselhafte Energie bekannt, aber als rückläufiger Planet ist er sanfter und beständiger. Er fordert uns auf, Veränderungen in unserem Inneren zu bewirken, und macht uns bei Bedarf durch persönliche Warnsignale darauf aufmerksam.

Der „große Aufwecker" Uranus schenkt uns in seiner rückläufigen Phase neue Perspektiven, damit wir ein authentischeres Leben führen. In dieser kreativen Zeit lohnt es sich, das vergangene Jahr noch einmal Revue passieren zu lassen.

Neptun

HÄUFIGKEIT: Einmal im Jahr

DAUER: 155 Tage

Neptun ist der Planet der Illusionen und kann die Realität verzerren, wenn er direktläufig ist. Ist er jedoch rückläufig, lässt er uns die Wirklichkeit erkennen. Unter seinem Einfluss fällt es uns schwer, die Wahrheit zu ignorieren und uns selbst zu täuschen, aber wir können in dieser Realität eine tiefere Bedeutung finden.

Bei rückläufigem Neptun verbindet uns dieser Planet der Spiritualität mit unserer Seele und unserer authentischen Wahrheit. Er stärkt unsere Intuition, Kreativität und Spiritualität.

Pluto

HÄUFIGKEIT: Einmal im Jahr

DAUER: 155 Tage

Ist der Planet des Todes, der Wiedergeburt, der Kontrolle und der Zerstörung rückläufig, lenkt er unsere Aufmerksamkeit auf das innere Schattenselbst. Er kann uns einen Einblick in unser unbewusstes Ringen mit Tabuthemen geben.

Der rückläufige Pluto zeigt uns, was uns im Leben nicht mehr nützt und was wir verändern müssen. Er wird mit dem Phönix assoziiert und fordert uns auf, zu verbrennen und wie der mythologische Vogel aus der Asche zu steigen.

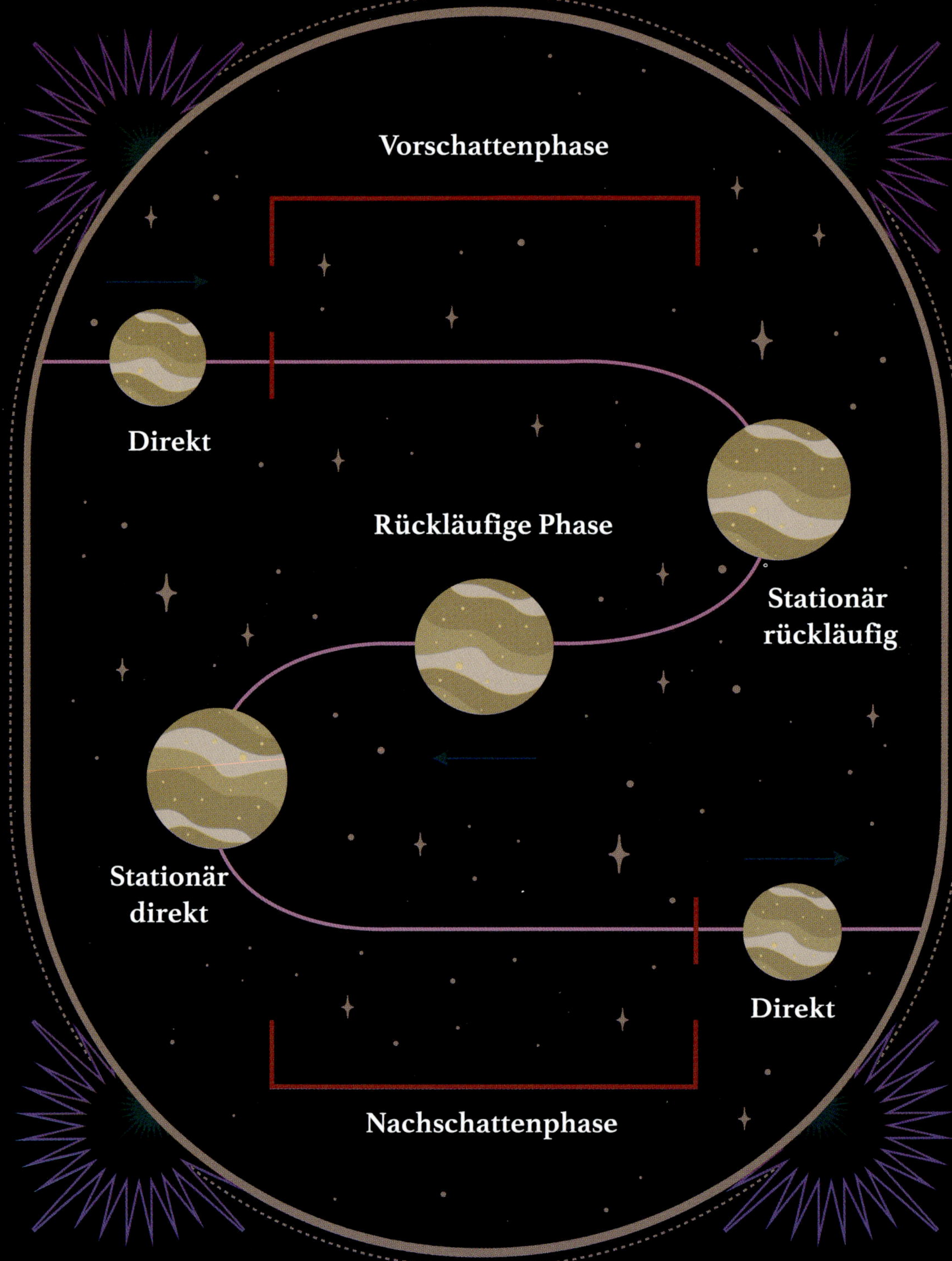
Vorschattenphase
Direkt
Rückläufige Phase
Stationär rückläufig
Stationär direkt
Direkt
Nachschattenphase

RÜCKLÄUFIGKEIT *und Schattenphase*

Die Rückläufigkeit ist eine Illusion. Der Planet bewegt sich scheinbar rückwärts, zumindest sieht das von der Erde so aus. Vor und nach einer rückläufigen Phase befindet sich der Planet eine bestimmte Zeit lang in der sogenannten Schattenphase.

Vielleicht haben Sie davon schon im Zusammenhang mit dem rückläufigen Merkur gehört, aber auch die anderen Planeten durchlaufen eine Schattenphase, die je nach Planet einige Wochen bis Monate anhalten kann.

Die Illustration auf der gegenüberliegenden Seite stellt die Bewegung eines rückläufigen Planeten dar, einschließlich der Schattenphasen, die davor und danach kommen. Bevor die rückläufige Phase eines Planeten beginnt, bewegt er sich normal und wird dann langsamer (die Vorschattenphase), bis er „stehenbleibt". Dann geht er in die Rückläufigkeit über, nach der er erneut in einer stationären Phase ist, bevor er wieder seine normale Geschwindigkeit und Laufrichtung erreicht. Die Zeit, in der ein Planet schneller wird, bevor er seine Direktläufigkeit erreicht, ist die Nachschattenphase.

Ein stationärer Planet scheint stillzustehen, bevor er wieder Fahrt aufnimmt und eine 180°-Grad-Wendung vollzieht. Die Vorschattenzeit fühlt sich oft intensiv und belastend an, da der Planet die Rückläufigkeit ansteuert. Wie sich das im Einzelnen manifestiert, bestimmt der jeweilige Planet sowie das Zeichen und das Haus, in dem er zum Zeitpunkt seiner Rückläufigkeit steht. Im Anschluss daran hört der Einfluss eines rückläufigen Planeten aber nicht einfach auf, wenn er sich wieder normal bewegt. Stattdessen wird er im Laufe von Wochen allmählich schwächer, während der Planet auf seiner Bahn wieder schneller wird.

Die Intensität eines rückläufigen Planeten und seiner Schattenphase wird besonders bei den inneren Planeten als stärker wahrgenommen, also bei den erdnahen Planeten wie Merkur, Venus und Mars. Während die Intensität der rückläufigen äußeren Planeten – Jupiter, Saturn, Uranus, Neptun und Pluto – allmählich zunimmt, je weiter sie sich von der Erde entfernen. Ihr Einfluss ist aber dennoch wahrnehmbar.

Planeten-Zuordnung zu den Wochentagen

Wochentag	zugehöriger Planet	Planetensymbol
Montag	Mond	☾
Dienstag	Mars	♂
Mittwoch	Merkur	☿
Donnerstag	Jupiter	♃
Freitag	Venus und Erde	♀
Samstag	Saturn	♄
Sonntag	Sonne	☉

8

ASTROLOGIE UND MAGIE

Die Astrologie kann uns helfen, unsere verborgenen Seiten zu entdecken und uns selbst besser zu verstehen. Sie kann auch die Hexenkunst bereichern, aber man muss keine Hexe sein, um Astrologie zu praktizieren, und man muss umgekehrt keine Astrologiekenntnisse besitzen, um als Hexe zu leben. Die Synergie aus beiden Disziplinen kann jedoch äußerst wirksam sein.

Die Astrologie kann ein nützliches Werkzeug für eine Hexe sein, um eine tiefere Verbindung zu den Himmelskörpern herzustellen. Für den Anfang können Sie zum Beispiel passende Opfergaben hinterlegen oder Sie errichten einen Altar und widmen ihn den Planeten, mit denen Sie arbeiten möchten. Wollen Sie etwa die Kraft des Mondes nutzen, um Ihre Intuition zu stärken, meditieren Sie zuerst in seiner Energie. Entzünden Sie Jasmin-Räucherwerk und silberne Kerzen, um eine stimmige Mond-Atmosphäre zu schaffen.

Wer Magie und Astrologie miteinander kombiniert, glaubt daran, dass die Himmelskörper ein intelligentes Bewusstsein besitzen, mit dem wir uns verbinden und dessen Energie wir für unsere Zauber nutzen können. Planen Sie beispielsweise einen Zauber, um Ihre Kommunikation zu verbessern, könnten Sie ihn mit den Energien des Merkur erfüllen, indem Sie ihn an einem Mittwoch wirken. Sie können auch Farben, Kräuter und Edelsteine, die dem Merkur zugeordnet werden, in Ihr Zauberritual integrieren.

In diesem Buch finden Sie für alle Planeten und Tierkreiszeichen allgemeine Korrespondenzen, also ihnen zugeordnete Objekte, die Sie für Ihre Magie nutzen können. Mit der Zeit werden Sie eigene Korrespondenzen entdecken und merken, was für Sie am besten funktioniert. Verwenden Sie etwa Kräuter, Kristalle, Farben oder Tarotkarten mit einer ähnlichen Energie wie der Planet oder das Zeichen, mit dem Sie Ihre Zauber verstärken wollen.

MAGISCHE *Tierkreiszeichen*

Es gibt zahlreiche Möglichkeiten, praktische Astrologie und Hexenkunst miteinander zu verbinden. Zum Beispiel können wir die Eigenschaften, die den 12 Tierkreiszeichen (siehe Kapitel 2) und den Planeten (siehe Kapitel 4) zugeordnet werden, in unsere Zauber und Rituale einbauen, um deren Kraft zu verstärken. Dafür wählen Sie die Zeichen, die am besten zu den Energien Ihrer Hexenpraxis passen.

Die folgende Liste verrät Ihnen, womit jedes der 12 Sternzeichen assoziiert wird.

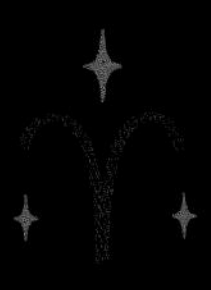

Widder

Handeln, Selbstausdruck, Stärke, Identität, Mut, Führung, Willenskraft, geistige Gesundung.

Stier

Stabilität, Fruchtbarkeit, Erdung, materieller Gewinn, Sicherheit, Geld und Finanzen, Wohlstand.

Zwillinge

Intelligenz, Kommunikation, Veränderung, Beziehungen, Gleichgewicht, Wissen.

Krebs

Gefühle, Familie, Zuhause, Veränderung, Schutz.

Löwe

Selbstvertrauen, Kreativität, Kommunikation, Ausdruck, Willenskraft.

Jungfrau

Erfolg, Effizienz, logisches Denken, Wohlstand, Planung, Finanzen.

Waage

Gerechtigkeit, Gleichgewicht, Körperheilung, Diplomatie, Liebe.

Skorpion

Hellsichtigkeit, Intuition, Transformation, Erneuerung, Sex, Intimität, Fruchtbarkeit.

Schütze

Transformation, spirituelles Wachstum, Reisen, Rechtliches, Chancen ergreifen, Freiheit.

Steinbock

Hellsichtigkeit, Manifestation, Wahrsagung, Ehrgeiz, Planung, Neuanfänge, Erdung, Finanzen regeln.

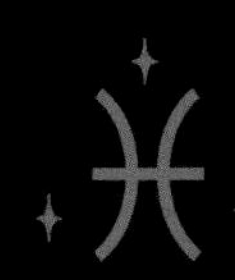

Fische

Kreativität, Intuition, Traumarbeit, Hellsichtigkeit, Grenzen, mit dem höheren Selbst verbinden.

Wassermann

Weisheit, Gemeinschaft, Freundschaft, Inspiration, Unabhängigkeit, Distanziertheit.

TIERKREISZEICHEN IN DER HEXENPRAXIS

Sobald Sie wissen, welche Zeichen eine ähnliche Energie wie Ihre Zauber und Rituale besitzen, können Sie sie nun in Ihre magische Praxis integrieren – auf ganz einfache oder auch komplexe Weise. Wichtig ist vor allem, dass sich die Anwendung für Sie stimmig anfühlt.

Hier sind einige Beispiele, wie Sie die Sternzeichen für magische Arbeit nutzen können.

1. Malen oder schreiben Sie das Symbol oder den Namen des gewünschten Zeichens auf ein Stück Papier und legen Sie es auf Ihren Altar oder Arbeitsplatz, wenn Sie zaubern. Bitten Sie das Zeichen um seine Energie für Ihre Magie. Das Papier gibt ihm eine physische und energetische Präsenz.
2. Ritzen Sie den Namen oder das Symbol des Tierkreiszeichens, mit dem Sie arbeiten wollen, in eine Kerze, die eine diesem Zeichen zugeordnete Farbe hat (siehe Kapitel 2).
3. Meditieren Sie über dem Namen und dem Symbol eines Zeichens.
4. Verwenden Sie den Namen oder das Symbol eines Zeichens als Verkörperung der Ziele oder Absichten, die Sie manifestieren möchten.
5. Warten Sie mit Ihren Zaubern und Ritualen, bis der Mond in dem gewünschten Zeichen steht.
6. Sprechen Sie Ihren Zauber oder vollziehen Sie Ihr Ritual während der Zeit Ihres gewünschten Sternzeichens (die Tierkreisphasen finden Sie in Kapitel 2).

PLANETENSTUNDEN

Auch das alte Konzept der Planetenstunden bietet eine Möglichkeit, Ihre Magie zeitlich zu planen. Mithilfe dieses astrologischen Systems können wir uns auf die Energie der Planeten abstimmen und die Kraft unserer Zauber und Rituale durch sie verstärken.

Die Abfolge der Planetenstunden entspricht der sogenannten „chaldäischen Reihe", die sie folgendermaßen anordnet: Saturn, Jupiter, Mars, Sonne, Venus, Merkur, Mond. Die Namen der Wochentage gehen auf diese Planeten zurück. Die erste Stunde jedes Tages wird von seinem dazugehörigen Planeten regiert. Die Tabelle auf der gegenüberliegenden Seite zeigt uns, dass der Sonntag der Sonne gehört und sie auch die erste Stunde dieses Tages beherrscht. Die folgenden Stunden des Sonntags werden dann von den Planeten der chaldäischen Reihe nach regiert: Venus, Merkur, Mond, Saturn, Jupiter, Mars, Sonne. Das wiederholt sich Tag und Nacht.

Planetentage zählt man anders als Kalendertage. Ihr Beginn ist der Sonnenaufgang. Die Stunden zwischen Sonnenuntergang und Sonnenaufgang gehören also zum vorhergehenden Tag. Jeder Planetentag ist in 24 Planetenstunden unterteilt, sodass jeder Tag und jede Nacht aus jeweils 12 Abschnitten oder „Stunden" bestehen (siehe Seite 138). Die Länge dieser Abschnitte entspricht nicht einer normalen Stunde, sondern variiert je nach Jahreszeit. Die Tage zeigen den Wechsel der Jahreszeiten an, denn im Winter gibt es weniger Tageslichtstunden und im Sommer gibt es mehr.

Die Planetenstunden können nützlich sein, wenn Sie Ihre Zauberzeiten aus irgendeinem Grund nicht auf die richtigen Mondphasen abstimmen können. Sie ermöglichen es Ihnen, Ihre Magie zeitlich auf einen energetisch passenden Planeten auszurichten.

Nun kennen Sie die Grundlagen der Planetenstunden. Auf den folgenden Seiten finden Sie zwei Möglichkeiten, diese Stunden in Ihre Hexenpraxis zu integrieren. Das ist nicht so kompliziert, wie es auf den ersten Blick scheint.

Planeten-Stunden des Tages

Stunden	So	Mo	Di	Mi	Do	Fr	Sa
1	☉	☾	♂	☿	♃	♀	♄
2	♀	♄	☉	☾	♂	☿	♃
3	☿	♃	♀	♄	☉	☾	♂
4	☾	♂	☿	♃	♀	♄	☉
5	♄	☉	☾	♂	☿	♃	♀
6	♃	♀	♄	☉	☾	♂	☿
7	♂	☿	♃	♀	♄	☉	☾
8	☉	☾	♂	☿	♃	♀	♄
9	♀	♄	☉	☾	♂	☿	♃
10	☿	♃	♀	♄	☉	☾	♂
11	☾	♂	☿	♃	♀	♄	☉
12	♄	☉	☾	♂	☿	♃	♀

Mond ☾ Mars ♂ Merkur ☿ Jupiter ♃
Venus ♀ Saturn ♄ Sonne ☉

Planeten-Stunden der Nacht

Stunden	So	Mo	Di	Mi	Do	Fr	Sa
1	♃	♀	♄	☉	☾	♂	☿
2	♂	☿	♃	♀	♄	☉	☾
3	☉	☾	♂	☿	♃	♀	♄
4	♀	♄	☉	☾	♂	☿	♃
5	☿	♃	♀	♄	☉	☾	♂
6	☾	♂	☿	♃	♀	♄	☉
7	♄	☉	☾	♂	☿	♃	♀
8	♃	♀	♄	☉	☾	♂	☿
9	♂	☿	♃	♀	♄	☉	☾
10	☉	☾	♂	☿	♃	♀	♄
11	♀	♄	☉	☾	♂	☿	♃
12	☿	♃	♀	♄	☉	☾	♂

Mond ☾ Mars ♂ Merkur ☿ Jupiter ♃
Venus ♀ Saturn ♄ Sonne ☉

METHODE 1

1. Wählen Sie den Planeten, der am besten zum Zweck Ihres Zaubers oder Rituals passt. Am besten arbeiten Sie am entsprechenden Wochentag (siehe Seite 132). Wollen Sie etwa durch einen Zauber Ihre Vitalität verstärken, eignet sich der Dienstag, der Tag des Mars.
2. Finden Sie heraus, wann am Tag des geplanten Zaubers die Sonne an Ihrem Standort auf- und untergeht. Zählen Sie, wie viele Stunden Tageslicht es zwischen diesen beiden Zeitpunkten gibt. Oder zählen Sie die Stunden der Dunkelheit zwischen Sonnenunter- und Sonnenaufgang. Bei mir, im englischen Yorkshire, ging die Sonne heute um 8:06 Uhr auf und um 15:46 Uhr unter. Es gab 7 Stunden und 40 Minuten Tageslicht (also 460 Minuten).
3. Nun teilen Sie die Minutenzahl durch 12, um die Länge der Planetenstunden zu ermitteln. In meinem Beispiel sind das 460 Minuten/12 = 38,3 Minuten pro Planetenstunde an diesem Tag. Wollen Sie bei Nacht zaubern, wird mit den Stunden der Dunkelheit gerechnet.
4. Ermitteln Sie nun anhand der Tabelle auf Seite 137, welchen Tag und welche Zeiten der Planet, mit dem Sie arbeiten wollen, regiert. Vitalitätszauber sind beispielsweise mit dem Mars verknüpft und entfalten an Dienstagen die meiste Kraft. Die Spalte für den Dienstag zeigt, dass die erste Stunde vom Mars regiert wird. Das ist die Stunde des Sonnenaufgangs, also 8:06 Uhr. Die nächste Mars-Zeit ist die achte Planetenstunde, die von 14:47 bis 15:25 dauert und sich ebenfalls eignet. (38,3 Minuten mal 8 ergibt 306,4 Minuten, die man zur Zeit des Sonnenaufgangs, also in diesem Fall zu 8:06 Uhr, hinzuzählen muss.)

METHODE 2

1. Diese vereinfachte Methode erfüllt Ihre Magie mit der Kraft der Planeten. Man braucht dafür keine genauen Zeiten, sondern gibt jeder Planetenstunde, bei Tag und bei Nacht, eine Länge von 60 Minuten.
2. Wählen Sie den Planeten, der zur Energie Ihres Zaubers oder Rituals passt, und den ihm zugeordneten Tag.
3. Suchen Sie in der Tabelle die Spalte für den Tag, an dem Sie Ihre Magie wirken wollen, und dort die Zeiten, an denen der gewünschte Planet regiert.
4. Diese Zeiten eignen sich am besten, wenn Sie Ihrem Zauber oder Ihrem Ritual die stärkste planetare Energie zukommen lassen wollen

ZUNEHMENDER DREIVIERTELMOND
VOLLMOND
ZUNEHMENDER HALBMOND
ABNEHMENDER DREIVIERTEL-MOND
ZUNEHMENDER SICHELMOND
ABNEHMENDER HALBMOND
NEUMOND
ABNEHMENDER SICHELMOND

MOND *und Hexenkunst*

Der Mond spielt in der Astrologie und in der Hexenkunst eine wichtige Rolle. Es lohnt sich, Zauber und Rituale auf die Energie der Mondphasen abzustimmen, um ihre Wirkung zu verstärken. Jede Mondphase kann für verschiedene magische Zwecke genutzt werden.

NEUMOND. Anfänge, Neuanfänge, Erden, Reinigen, Klären, Festlegen von Absichten und Zielen, Ablegen von schlechten Angewohnheiten und Süchten, Aufheben von Flüchen, Schattenarbeit, Persönlichkeitsentwicklung.

ZUNEHMENDER SICHELMOND. Zunahme, Wachstum, Verbesserung, Beschwören, Planen, Erfolg, positive und sympathetische Magie, Karriere, Selbstvertrauen, Anziehung, Wohlstand, Liebe entwickeln, Selbstverbesserung.

ZUNEHMENDER HALBMOND. Wachsen, Nähren, Gleichgewicht, Kreativität, Stärke, Vorankommen, Kraft, Liebe, Glück, Fülle, Wohlstand, Tatkraft, neue Wege, Annehmen von Herausforderungen.

ZUNEHMENDER DREIVIERTELMOND. Erfolg, Manifestieren, Anziehung, Glück, Reichtum, Motivation, Liebe, Fülle, Heilung, Elementmagie, Schutz.

VOLLMOND. Kraft, Reinigung, Stärkung von Hellsichtigkeit, Schutz, Heilung, Fruchtbarkeit, Energie tanken, Klären, Fülle, Vollendung, Romantik, Manifestieren, innere Arbeit.

ABNEHMENDER DREIVIERTELMOND. Abnahme, Reflexion, Loslassen, Verbannen, Aufheben von Zaubern und Flüchen, Negativität vertreiben, Enden, Erlösung.

ABNEHMENDER HALBMOND. Ruhe, Reflexion, Loslassen, Introspektion, Meditation, Reinigen, Entfernen, Negatives bannen, Erlösung.

ABNEHMENDER SICHELMOND. Heilen, Phasen einhalten, schlechte Angewohnheiten ablegen, Krankes entfernen, Enden, Freilassen, Verbannen, Ruhe.

Neben den Mondphasen können auch andere Mondphänomene für Magie und Hexenkunst genutzt werden, etwa Supermonde und Finsternisse, Mondpausen oder astronomische Punkte wie der Schwarze Mond (Lilith), auf die wir unsere Zauber und Rituale abstimmen können. Es gibt auch einen Tierkreis des Mondes, der in 28 „Mondhäuser" unterteilt ist. Jedes Mondhaus hat einen arabischen Namen und eine besondere Energie, die für magische Zwecke angezapft werden kann. In diesem Kapitel werden wir uns die Mondhäuser noch genauer anschauen und ich zeigen Ihnen, wie Sie damit arbeiten können. An dieser Stelle möchte ich erwähnen, dass nicht alle Hexen ihre Magie auf den Mond abstimmen. Das ist kein Problem, denn jede Hexe ist anders. Man kann auch zaubern, ohne dabei den Mond zu berücksichtigen.

SUPERMONDE

Die Umlaufbahn des Mondes um die Erde ist leicht elliptisch, das heißt, dass sich der Mond manchmal näher an der Erde befindet und manchmal weiter entfernt ist. An seinem erdnächsten Punkt wirkt er um 14 Prozent größer und wird als „Supermond" bezeichnet.

Es gibt zwei Arten von Supermond, der in der Astronomie übrigens *Perigäum-Syzygie* genannt wird. Bei einem Supervollmond liegt der Mond auf einer Linie mit der Sonne, während er sich an seinem erdnächsten Punkt befindet. Dann sieht er noch größer und heller als normal aus. Einen Superneumond können wir nicht sehen, aber auch er kommt der Erde so nah, wie es ihm möglich ist.

Meistens gibt es drei bis vier Supermonde im Jahr. Die Eigenschaften, die mit Vollmond und Neumond assoziiert werden, sind in dieser Zeit verstärkt und ihre gesteigerten Energien können Zauber und Rituale bereichern. Bei der Arbeit mit dem Supermond sollten wir auch das Tierkreiszeichen, in dem er gerade steht, berücksichtigen, da auch die mit dem Zeichen verknüpften Eigenschaften intensiver werden. Die kraftvolle Energie des Supermonds wird von manchen Menschen als anregend, von anderen als ermüdend empfunden.

Wenn Sie etwa einen Schutzzauber planen, wäre ein Supervollmond die perfekte Zeit dafür, da seine gesteigerten Energien die Wirkung des Zaubers verstärken. Falls Sie ein Ritual durchführen möchten, um Ihre Absichten für einen Neuanfang festzulegen, böten die Energien eines Superneumonds die ideale Unterstützung.

Ein Supermond kann unzählige magische Aktivitäten unterstützen. Da er die Gezeiten stärker beeinflusst, lohnt es sich, in dieser Zeit mit dem Element Wasser zu arbeiten – Sie könnten zum Beispiel Mondwasser herstellen und es für Zauber, zum Trinken oder zum Gießen von Pflanzen verwenden. Oder stellen Sie eine Supermond-Hexenflasche der Gesundheit zusammen: Füllen Sie ein Glas mit Korkverschluss mit den getrockneten Kräutern Basilikum, Kamille und Odermennig. Sie könnten auch etwas Symbolisches, zum Beispiel eine Vitamintablette hineinlegen. Versiegeln Sie das Glas dann mit weißem oder hellblauem Kerzenwachs. Stellen Sie eine Supermond-Räuchermischung aus Lavendel, Zimt und Rosmarin (in gleichen Teilen) zusammen, um die Energien des Mondes willkommen zu heißen. Oder nehmen Sie ein läuterndes Bad in Bittersalz, Rosmarin und Lavendel.

Hinweis: Testen Sie vor dem Bad mit einem Sud aus den Pflanzen an einer kleinen Hautstelle, um eine allergische Reaktion auszuschließen.

Supermonde & Magie

Erden Sie sich, indem Sie Zeit in der Natur verbringen, wenn die Energien des Supermonds zu stark für Sie werden.

Die Energie des Supervollmonds eignet sich perfekt für alle Zauber, die einen Kraftschub vertragen können.

Baden Sie im Mondschein und saugen Sie die Energien des Mondes in sich auf.

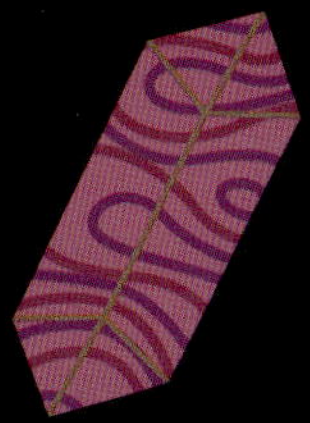

Nehmen Sie ein läuterndes Bad in Bittersalz, Rosmarin und Lavendel.

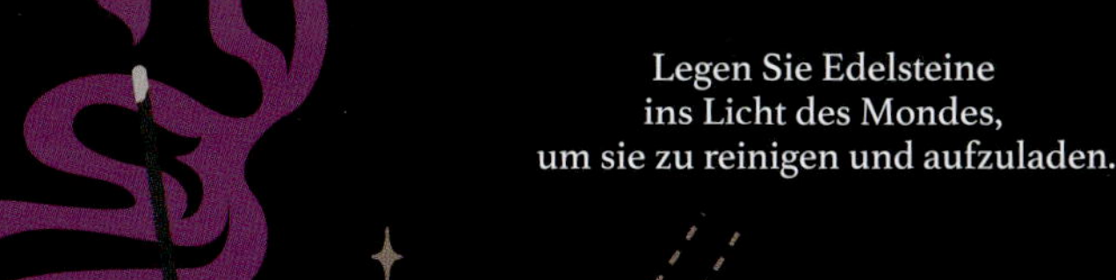

Legen Sie Edelsteine ins Licht des Mondes, um sie zu reinigen und aufzuladen.

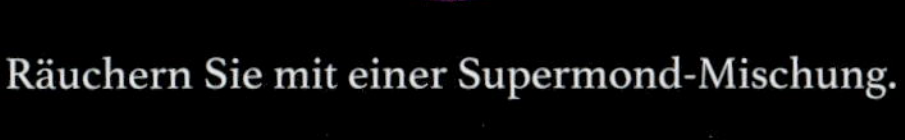

Räuchern Sie mit einer Supermond-Mischung.

MOND- UND SONNEN-*Finsternisse*

Finsternisse sind dynamische Himmelsereignisse mit karmischen Einflüssen. Sie aktivieren im Geburtshoroskop die Mondknoten, die sich in unserem Leben als eine stärkere Verbindung zu unserer Intuition zeigen.

Mondfinsternis

Bei einer Mondfinsternis schiebt sich die Erde zwischen den Vollmond und die Sonne und wirft einen ganzen oder teilweisen Schatten auf den Mond. Sie dauert einige Minuten bis Stunden. Bei einer totalen Mondfinsternis befinden sich Sonne, Erde und Mond auf einer Linie, sodass sich der Mond komplett verdunkelt oder rötlich erscheint, da kein direktes Sonnenlicht von seiner Oberfläche reflektiert wird. Bei einer partiellen Mondfinsternis wird nur ein Teil des Mondes vom Schatten der Erde verdunkelt. Mondfinsternisse assoziiert man mit Heilung, Durchbrüchen, der Vergangenheit und dem Auflösen karmischer Lasten.

Sonnenfinsternis

Dazu müssen der Neumond und die Sonne im selben Winkel und im selben Tierkreiszeichen stehen. Wandert der Mond zwischen Sonne und Erde, verdeckt er die Sonne komplett oder teilweise. Sonnenfinsternisse assoziiert man mit Offenbarungen, Wiedergeburt und Veränderung.

Die Magie der Finsternisse

Finsternisse sind Zeiten, in denen starke, wechselhafte und unberechenbare Energien herrschen. Vielleicht fallen Ihnen in diesen Phasen bestimmte Muster auf – etwa Zahlen, die Sie immer wieder sehen, oder Vorahnungen und Träume, die wiederholt auftauchen. Während einer Finsternis neigen wir auch eher dazu, uns ausgelaugt oder nervös zu fühlen oder schlecht zu schlafen. Falls Sie während einer Finsternis geboren wurden, verraten Ihnen das Zeichen und das Haus, in dem sie geschah, auf welchen Lebensbereich sie einwirkt.

Für manche Hexen ist eine Finsternis eine unglaublich kraftvolle Zeit, um Magie zu wirken, aber für viele (auch für mich), wird die Energie der Finsternis als zu stark und unberechenbar empfunden, um damit zu arbeiten. Zauber, die zu dieser Zeit ausgeführt werden, bringen oft nicht den gewünschten Erfolg und können durch die Unmengen an wechselhafter Finsternis-Energie sogar nach hinten losgehen.

Auf der folgenden Seite finden Sie einige Aktivitäten, die ich während einer Finsternis gern mache. Vielleicht machen Sie aber lieber etwas anderes. Zwar wird es nicht empfohlen, während einer Finsternis zu zaubern, aber es bleibt Ihnen überlassen, ob Sie es wagen wollen oder nicht.

Kümmern Sie sich ganz besonders um Ihre Bedürfnisse, wenn Sie die Finsternis-Energie auslaugt.
MOND- UND SONNENFINSTERNISSE
Stellen Sie Finsternis-Wasser her, das Sie für Zauber oder zum Gießen von Pflanzen verwenden können.
Praktizieren Sie eine Wahrsagekunst, etwa Tarot.
Schreiben Sie Ihre Gefühle nieder, besonders wenn während einer Mondfinsternis Probleme aus der Vergangenheit auftauchen.
Meditieren Sie und akzeptieren Sie die Energien, die eine Finsternis mit sich bringen kann.
Praktizieren Sie Schattenarbeit

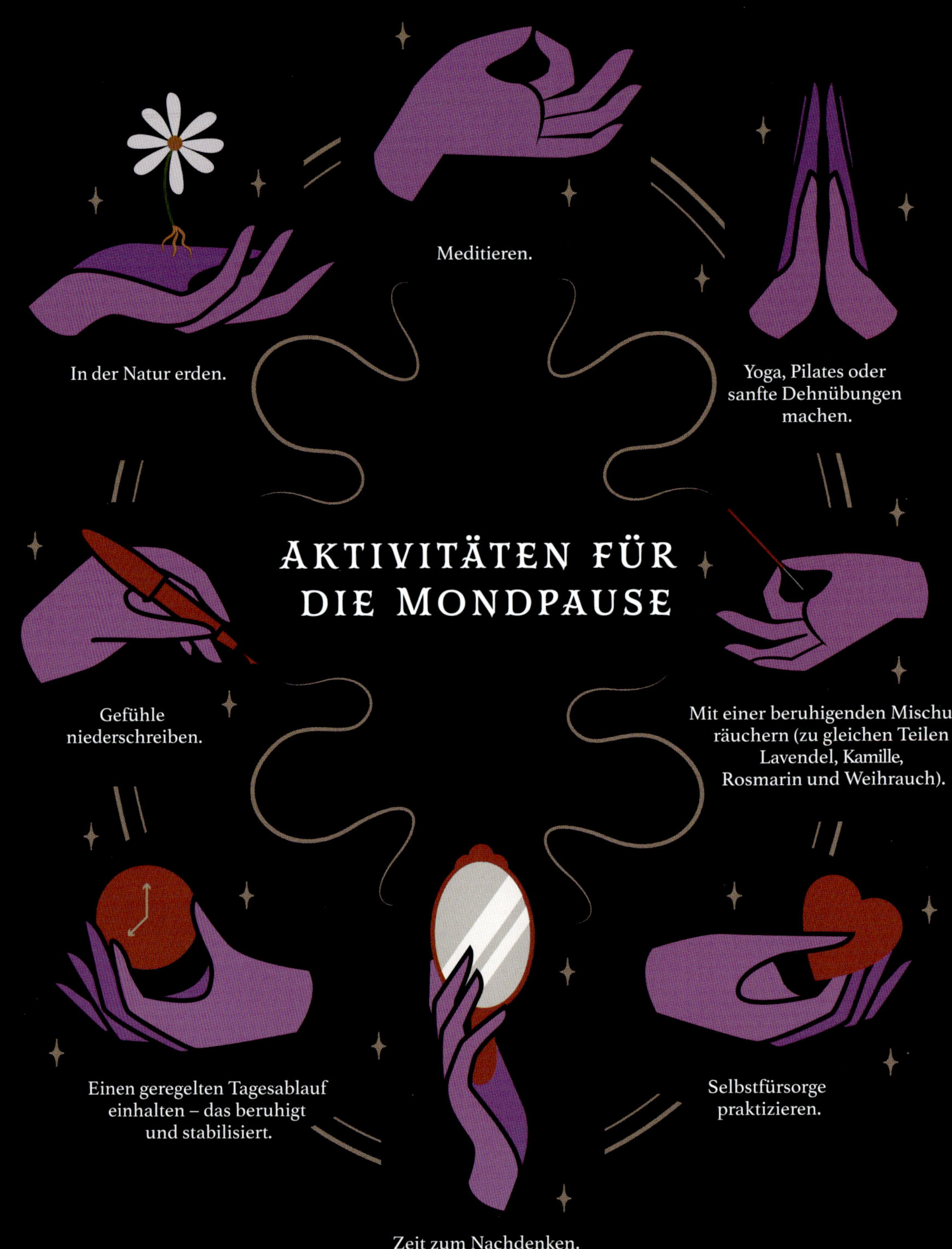
Meditieren.
In der Natur erden.
Yoga, Pilates oder sanfte Dehnübungen machen.
AKTIVITÄTEN FÜR DIE MONDPAUSE
Gefühle niederschreiben.
Mit einer beruhigenden Mischu räuchern (zu gleichen Teilen Lavendel, Kamille, Rosmarin und Weihrauch).
Einen geregelten Tagesablauf einhalten – das beruhigt und stabilisiert.
Selbstfürsorge praktizieren.
Zeit zum Nachdenken.

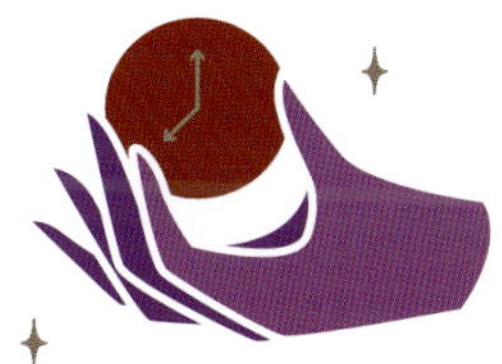

MOND-*Pause*

Im Laufe von ungefähr 28 Tagen bewegt sich der Mond durch alle 12 Tierkreiszeichen, während er die Erde umkreist. In jedem Zeichen befindet er sich zwei bis drei Tage.

Dabei bildet der Mond häufig Hauptaspekte mit anderen Himmelskörpern, also Winkelbeziehungen zwischen zwei oder mehr Planeten (siehe Kapitel 6). Da der Mond die Tierkreiszeichen relativ schnell durchläuft, entstehen ständig Aspekte, die sich auf unsere Stimmung und unsere Gefühle auswirken können. Die Mondpause ist die Zeit zwischen dem letzten Aspekt, den der Mond in einem Zeichen bildet, und seinem Verlassen dieses Zeichens. Tritt der Mond ins nächste Zeichen ein, endet die Mondpause, die wenige Sekunden bis mehrere Stunden oder sogar zwei Tage dauern kann.

Die Mondpause ist eine Phase, in der sich der Mond durch die Tierkreiszeichen bewegt, ohne unter dem Einfluss von anderen Planeten zu stehen. Dann projiziert er seine Energie nicht mehr durch das Zeichen, in dem er sich gerade befindet, aber auch noch nicht durch das nächste Zeichen. Dieser „Leerlauf" ist eine astrologische Grauzone. Während dieser Zeit sollten keine wichtigen Entscheidungen getroffen werden, da die Mondpause unsere Denkweise beeinflusst und uns einen verzerrten Blick auf die Realität zeigt. Dann fällt es uns schwer, logisch und objektiv zu entscheiden. Die Mondpause ist also nicht die richtige Zeit, um neue Projekte zu beginnen oder Verträge abzuschließen. Pläne, die wir in dieser Zeit fassen, werden meist nicht umgesetzt.

Während der Mondpause sind wir auch oft weniger geduldig, weniger produktiv und weniger geerdet als sonst. Manchmal sind wir frustriert, weil wir uns wie ausgebremst fühlen. Die energiearme Mondpause ist keine gute Phase zum Zaubern oder Manifestieren. Für alle, die mit den Energien und Zyklen des Mondes arbeiten, bietet sie eine Gelegenheit für eine Auszeit. Astrologen und Hexen nutzen die Mondphase oft für besinnliche Tätigkeiten und etwas Entspannung. Nehmen Sie sich Zeit für Ihre eigenen Bedürfnisse und für erholsame, kräftesparende Praktiken, die Ihre Energien und Emotionen harmonisieren.

Wenn Sie sich am Lauf des Mondes orientieren möchten, können Sie im Internet viele Seiten finden, auf denen die Mondpausen des aktuellen Jahres vermerkt sind.

FARBEN
Schwarz und Rot.

SYMBOL
Mondsichel
und Kreuz

Lilith – Der Schwarze Mond

ELEMENTE
Luft und Feuer

MAGISCHE ASSOZIATIONEN
Transformation, Befreiung, Sinnlichkeit, Bekräftigung, Sexualität und Sexualmagie, Weiblichkeit, Erwachen, Heilung, Selbstvertrauen, Selbstausdruck, Umgang mit Wut, Respekt, Anerkennung, Fruchtbarkeit, Magie, Gleichberechtigung, Verbesserung von Beziehungen.

STEINE
Amethyst, Bergkristall, Karneol, Obsidian, Onyx, Rauchquarz, roter Jaspis, schwarzer Diamant, schwarzer Mondstein

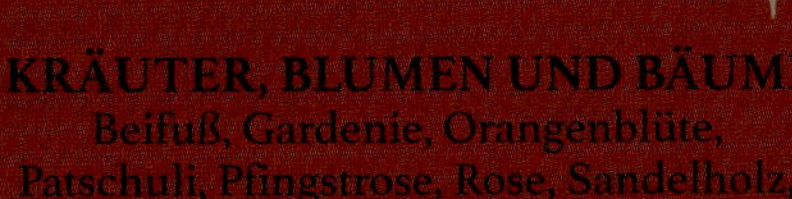

KRÄUTER, BLUMEN UND BÄUME
Beifuß, Gardenie, Orangenblüte, Patschuli, Pfingstrose, Rose, Sandelholz, Wermut, Ylang-Ylang, Zeder

TIERE
Schlangen und Eulen

LILITH – Schwarzer Mond

Lilith, auch Schwarzer Mond genannt, ist kein Planet oder anderer Himmelskörper im Geburtshoroskop, sondern der erdfernste Punkt auf der Umlaufbahn des Mondes. Aufgrund der ungefähr elliptischen Form dieser Bahn liegt dieser Punkt immer in Dunkelheit und markiert einen Ort, an dem der Mond von anderen Himmelskörpern abgeschottet ist. Der Schwarze Mond Lilith ist nicht zu verwechseln mit dem Asteroiden Lilith. (Der Name „Lilith" kommt in der Astrologie mehrmals vor, was für Einsteiger verwirrend sein kann.)

Lilith ist auch der Name der archetypischen rebellischen Frau: Sie wollte sich Adam nicht unterwerfen und wurde darum von Gott aus dem Paradies verbannt. Lilith wird mit dem Kampf gegen das Patriarchat assoziiert und von ihren bekräftigenden Energien können Frauen und Männer profitieren. Sie verkörpert die dunklen Seiten des menschlichen Lebens, die aber nicht unbedingt negativ sein müssen. Sie steht für unsere Ängste, Instinkte, Besessenheiten, unterdrückten Begierden und Sexualität (die von Scham und Schuldgefühlen behaftet sein kann). Lilith ist wie eine Naturgewalt, die uns auffordert, unsere Schatten anzunehmen und alles freizulassen, was wir bisher unterdrücken mussten.

Magie, die zur Zeit des Schwarzen Mondes gewirkt wird, ist äußerst mächtig. Sie birgt die Chance zu tiefen Veränderungen, aber der Weg dorthin ist meist kein leichter, da er uns mit unangenehmen Wahrheiten konfrontiert. Lilith hilft Ihnen, Ihre authentische Stimme zu finden, Ihre Berufung zu entdecken und Hindernisse zu überwinden, sodass Sie eine höhere Ebene des Bewusstseins erreichen können.

Steht Lilith im Geburtshoroskop im Stier, kann das auf eine sture, aber sinnliche Person hindeuten. Lilith in der Jungfrau beeinflusst den Alltag, im dem wir dann zur Perfektionistin werden oder zum anderen Extrem neigen und sehr schlampig sind. Menschen, bei denen Lilith im Wassermann steht, weigern sich oft, ihrer Freiheit und Unabhängigkeit Grenzen aufzuerlegen.

Zur Zeit des Schwarzen Mondes räuchere ich gern mit einer Mischung, die von Lilith inspiriert ist. Ich nehme zu gleichen Teilen Beifuß, Jasmin, Rosenblätter und Myrrhe, die ich auf einer Kohletablette in einer feuerfesten Schale abbrenne. Lilith ist die perfekte Zeit für Magie zu den Themen Freiheit, Bekräftigung, Sex, Schattenarbeit und Heilung. Auf der Seite gegenüber finden Sie eine Liste aller Korrespondenzen.

Das Zeichen und das Haus, in dem Lilith bei Ihnen steht, verraten Ihnen einiges über Ihr Schattenselbst und die Kräfte, die in Ihnen verborgen liegen. Im Internet können Sie Ihr Lilith-Zeichen ermitteln. Eine meiner Lieblingsseiten dafür ist: cafeastrology.com/whats-my-black-moon-lilith.html.

DIE HÄUSER *des Mondes*

Der bekannteste Tierkreis basiert auf dem scheinbaren Weg der Sonne durch die 12 Sternbilder im Laufe eines Jahres. Nur wenige wissen, dass es auch einen Tierkreis des Mondes gibt, die sogenannten „Mondhäuser", die der Umlaufbahn des Mondes um die Erde entsprechen. Jedes Haus hat einen arabischen Namen und wird einem einzelnen Stern oder einer Sterngruppe zugeordnet. Der komplette Umlauf dauert 27,23 Tage und der Mond verbringt in jedem Zeichen einen Tag und eine Nacht. Die Mondbahn wird demnach in 27 oder 28 Häuser entlang des 360-Grad-Tierkreises unterteilt (je nach Kulturkreis). Dieses Buch orientiert sich an der westlichen Astrologie (die von der arabischen beeinflusst ist). Sie zählt 28 Mondhäuser, die jeweils 12° 51' 26" am Tierkreis einnehmen. Den Anfang macht der Widder bei 0 Grad. Jedes Mondhaus entspricht anderen Sternen in den Tierkreis-Konstellationen, durch die sich der Mond bewegt, bis er wieder bei 0 Grad ankommt.

Der Tierkreis der Mondhäuser ist über tausend Jahre alt. Sein genauer Ursprung ist unbekannt, aber es gibt Hinweise dafür, dass er im Nahen Osten, in China und in Indien verwendet wurde. Der erste historische Beleg dafür stammt von einem islamischen Astrologen, der im Jahr 973 n. Chr. geboren wurde. Jedes Mondhaus steht für eine andere Art von Energie, die man nutzen kann, um bestimmte Zauber, die während seiner Phase gewirkt werden, zu verstärken. Um herauszufinden, in welchem Mondhaus der Mond gerade steht, schaue ich auf folgender Website nach: https://mooncalendar.astro-seek.com/arabic-moon-mansion-calendar.

1. MONDHAUS
Al-Sharatain (Die zwei Zeichen)

POSITION: 0° Widder–12° 51' 26" Widder
STEHT FÜR: Veränderung, kraftvolle Energie, Bewegung, Anfänge, Reisen, Heilung.

Wird assoziiert mit einem Energieschub, der Veränderungszauber verstärken kann. Die perfekte Zeit, um Magie zu den Themen Anfang und Neubeginn zu wirken, aber auch für sicheres Reisen, Geschäftliches und Heilung.

2. MONDHAUS
Al-Butain (Der Bauch)

POSITION: 12° 51' 26" Widder–25° 42' 51" Widder
STEHT FÜR: Konflikte, Mut, Mühe, Wille, Ehrgeiz, Neuanfänge.

Dieses Mondhaus wird mit der Energie des Feuers assoziiert. Es kann Konflikte erzeugen, bringt aber auch Hoffnung. Diese Zeit eignet sich gut für Magie zu den Themen Versöhnung und Konfliktlösung, aber auch für das Fassen von Absichten und für das Wirken von Zaubern, die um Weisheit, geschäftliche Erfolge oder die Gunst von Autoritätspersonen bitten.

3. MONDHAUS
Al-Thurayya (Der Schwarm / Die Plejaden)

POSITION: 25° 42' 51" Widder–8° 34' 17" Stier
STEHT FÜR: Entschlossenheit, Transformation, Wohlstand, Fülle, Kreativität, Karriere, Schönheit, Kunst, Erfolg, Glück.

Wird assoziiert mit Magie des Wohlstands und der Fülle. Der Einfluss des Erdzeichens Stier verleiht diesem Mondhauses im Gegensatz zu den ersten beiden Häusern eine ruhigere Energie. Sie eignet sich besonders für Magie zu den Themen Kreativität, Kunst und Schönheit, und sie verstärkt Zauber für Transformation, beruflichen Erfolg, Reichtum und Glück.

4. MONDHAUS
Al-Dabaran (Der Nachfolgende)

POSITION: 8° 34' 17" Stier–21° 25' 43" Stier
STEHT FÜR: Wegräumen von Hindernissen, mit etwas ringen, Geschäftliches, Arbeit, Sieg über Feinde, Wut, Stärke.

Dieses Mondhaus ist mit Magie rund um die Wut verknüpft – etwa um sie zu bewältigen, sie auf Feinde zu richten oder für die Selbstbeherrschung. Es wird auch mit Diplomatie und Versöhnung assoziiert. Seine Energie hilft uns, Hindernisse aus dem Weg zu räumen, sodass wir unsere Ziele erreichen können, aber sie erinnert uns auch daran, dass wir die nötige Arbeit hineinstecken müssen.

5. MONDHAUS

Al-Hakah (Ein weißer Fleck)

POSITION: 21° 25' 43" Stier–4° 17' 09" Zwillinge
STEHT FÜR: Intellektuelle Aktivitäten, Denken, Studium, Reisen, Verstand, Freundschaften.

Neben dem intellektuellen Streben wird dieses Mondhaus mit Magie zu den Themen Beruf und Karriere assoziiert. Zauber, die eine Beförderung oder Gehaltserhöhung herbeiführen sollen, etwa um die Gunst eines Vorgesetzten zu erlangen, werden in dieser Zeit ebenfalls unterstützt, genau wie Magie, die Freundschaften knüpfen oder beenden soll.

6. MONDHAUS

Al-Hana (Das kleine Gestirn des großen Lichts)

POSITION: 4° 17' 09" Zwillinge–17° 8' 34" Zwillinge
STEHT FÜR: Liebe, Freundschaften, Zuneigung, Beziehungen, Geschäftliches, Bündnisse, Macht.

Dieses positive Mondhaus wird mit dem Anziehen von Liebe, Freundschaft und der Bindung zweier Menschen assoziiert. Seine Energie kann Zuneigung fördern und bestehende Beziehungen intensivieren. Diese Zeit eignet sich für Magie zu geschäftlichen Themen sowie zum Knüpfen von Bündnissen. Der Mond in diesem Haus kann für Konflikte stehen, darum ist von jeder Art von Wachstumsmagie abzuraten.

7. MONDHAUS

Al-Dhira (Der Unterarm)

POSITION: 17° 8' 34" Zwillinge–0° Krebs
STEHT FÜR: Liebe, Heilung, Freundschaften, Geschäftliches, Handel, Fülle, Reichtum, Gewinn.

Dieses Mondhaus bietet die ideale Zeit für Magie zu den Themen Liebe und Freundschaft, da es das Vertrauen fördert. Es wird mit Geschäftserfolg, Reichtum und Fülle assoziiert, sogar mit dem Gelingen zukünftiger Unternehmungen. Auch Magie zu den Themen Heilung und Ganzheit gelingt nun sehr gut.

8. MONDHAUS

Al-Nathrah (Die Lücke)

POSITION: 0° Krebs–12° 51' 26" Krebs
STEHT FÜR: Ehe, Liebe, Freundschaft, Familie, Erreichen von Zielen, Heilung, Bündnisse.

Dieses Mondhaus wird oft mit Ehe und Liebe in Verbindung gebracht. Steht der Mond in ihm, werden Zauber rund um das Familienleben und die innerfamiliären Beziehungen gefördert. Auch Magie, die dem Erreichen von Zielen dient, sowie juristische Erfolge werden von diesem Mondhaus unterstützt.

9. MONDHAUS
Al-Tarf (Der Blick des Löwenauges)

POSITION: 12° 51' 26" Krebs–25° 42' 51" Krebs
STEHT FÜR: Schutz, Selbstverteidigung.

Wird assoziiert mit Unglück, Krankheit und Niederlagen. Diese Phase eignet sich gut für Schutzzauber oder -rituale, besonders zu den Themen Gesundheit, Finanzen, Reisen sowie platonische und romantische Beziehungen. Auch Verteidigungsmagie kann gewirkt werden, vor allem gegen Enttäuschung und Unglück. Zauber rund um Akzeptanz werden verstärkt.

10. MONDHAUS
Al-Jabhah (Die Stirn des Löwen)

POSITION: 25° 42' 51" Krebs–8° 34' 17" Löwe
STEHT FÜR: Gesundheit, Heilung, Erholung, Kraft, Spiritualität, Freundschaft, Liebe, Lernen, Stärke.

Dieses äußerst kraftvolle Mondhaus wird mit Magie zu den Themen Stärke, Beziehungen und Liebe in Verbindung gebracht, aber auch mit Heilung, Erholung, Genesung von Krankheit oder Süchten sowie Gesundheit. Diese Zeit ist günstig, um Zauber rund um die Bereiche Bildung, Lernen und Wissenserwerb zu wirken.

11. MONDHAUS
Al-Zubrah (Mähne des Löwen)

POSITION: 8° 34' 17" Löwe–21° 25' 43" Löwe
STEHT FÜR: Zuwachs, Gewinn, Reisen, Reichtum, Mut, Kraft, Respekt, Geltendmachung von Autorität.

Dieses Mondhaus unterstützt jegliche Magie, die zu den Eigenschaften des Sternzeichens Löwe passt, etwa für mehr Stärke oder Mut. Um Risiken einzugehen ist das aber nicht die richtige Zeit. Zauber und Rituale für geplante Handlungen und Projekte mit einem klaren Ziel sind nun besonders stark, genau wie Magie für Gewinn und Reichtum.

12. MONDHAUS
Al-Sarfah (Schwanz des Löwen / Wechsler des Wetters)

POSITION: 21° 25' 43" Löwe–4° 17' 09" Jungfrau
STEHT FÜR: Gärtnerei und Landwirtschaft, Wachstum, Fundamente bilden, Trennung, Dienst.
Dieses Mondhaus unterstützt grüne Magie, die Wachstum fördern oder Fundamente legen soll. Auch Kommunikationszauber und -rituale werden verstärkt. Dieses Mondhaus steht für Konfrontation, besonders in Liebesdingen, darum werden Beziehungszauber in dieser Zeit nicht empfohlen.

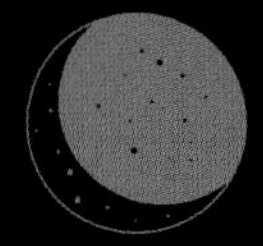
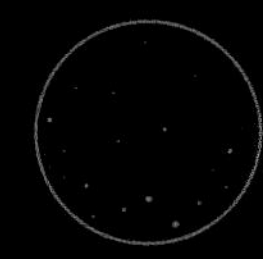
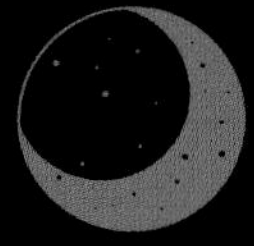
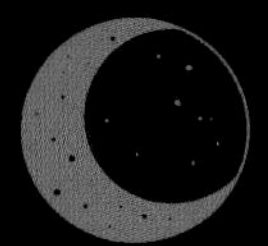

13. MONDHAUS
Al-Awwa (Flügel der Jungfrau / Der Hund)

POSITION: 4° 17' 09" Jungfrau–17° 08' 34" Jungfrau
STEHT FÜR: Liebe, Begehren, Sexualität, Anfänge, neue Projekte, Heilung, Verbindung, Zunahme, Erfüllung.

Dieses Mondhaus wird mit Liebe assoziiert, vor allem mit der körperlichen Liebe, mit Begehren und Sexualität. Diese generell glücksbringende Zeit ist ideal, um neue Projekte zu beginnen oder Magie zu den Themen Anfang, Zuwachs und Gewinn zu wirken.

14. MONDHAUS
Al-Simak (Der Unbewehrte)

POSITION: 17° 08' 34" Jungfrau–0° Waage
STEHT FÜR: Romantik, Liebe, Umzüge, Freundschaft, Jobwechsel, Beziehungsende.

Wird mit Romantik und dem Anziehen von Liebe assoziiert. Dieses Mondhaus kann auch ein bejahender Hinweis sein, wenn Sie überlegen, Ihren Job zu wechseln, umzuziehen oder eine Beziehung zu beenden. Nun ist eine günstige Zeit für jede Magie, die alles aus Ihrem Leben entfernt, was Ihrem höheren Selbst nicht mehr dienlich ist.

15. MONDHAUS
Al-Ghafr (Der Schleier)

POSITION: 0° Waage–12° 51' 26" Waage
STEHT FÜR: Geld, Reichtum, Geschäftliches, Handel, Wohlstand, Kommunikation.

Dieses Mondhaus wird mit Geldmagie und dem Vermehren von Reichtum assoziiert. Es hat den Charakter von Merkur, dem Herrscher über Geschäft und Handel. Darum fördert es Magie zu diesen Themen sowie zu Kommunikation.

16. MONDHAUS
Al-Jubana (Die Hörner des Skorpions)

POSITION: 12° 51' 26" Waage–25° 42' 51" Waage
STEHT FÜR: Reichtum, Wohlstand, Erfolg, Handel, Geschäftliches.

Dieses Mondhaus wird mit der Zunahme von Reichtum und Wohlstand verknüpft. Traditionsgemäß wird ihm der Charakter von Saturn und Mars zugeschrieben. Es unterstützt Zauber, die sich um Erfolg und Profit durch Handel und Geschäftsbeziehungen drehen. Wenn Sie eine Beförderung anstreben, sollten Sie sich die Energien dieses Mondhauses zunutze machen.

STEHT FÜR: Schutz vor negativer Energie, Schutz der Gesundheit, Aufdeckung von Feinden.

Dieses Mondhaus kann Bedrohung und Gefahr verkörpern. Seine Zeit ist günstig, um sich vor negativen Energien und Einflüssen zu schützen. Jede Magie, die unsere Gesundheit fördert, vor allem die des Magens, wird von ihm unterstützt. Die Energie dieses Mondhauses ist wirklich stark und sollte nicht für andere Arten von Magie genutzt werden, denn das könnte unerwünschte Folgen haben.

Schütze

STEHT FÜR: Erreichen von Zielen, Tiere, Reisen, Schreiben, Geschäftliches.

Dieses Mondhaus fördert Zauber und Rituale, die uns beim Erreichen unserer Ziele unterstützen. Konzentrieren Sie sich bei Ihrer Magie auf das, was Sie zurückhält. Die Energie dieses Hauses ist für Autoren besonders günstig und unterstützt Zauber rund ums Schreiben, unter anderem für die Überwindung von Schreibblockaden und für das Verbessern unserer Sprachfertigkeit.

21. MONDHAUS
Al-Baldah (Die Stadt)

POSITION: 17° 8' 34" Schütze–0° Steinbock
STEHT FÜR: Heilung, Konflikte, Verdienst, Reisen, Enden.

Dieses Mondhaus wird zwar mit Streit und Konflikten assoziiert, aber seine Zeit ist ideal, um Magie zum Thema Ende zu wirken. Allerdings müssen wir dafür Verluste akzeptieren, um uns auf persönlicher Ebene weiterentwickeln zu können. Auch Zauber, die mit Heilung, Gesundheit und Genesung zu tun haben, sind während dieser Phase besonders wirksam.

22. MONDHAUS
Sa'd al-Dhabih (Glücksstern des Assassinen)

POSITION: 0° Steinbock–12° 51' 26" Steinbock
STEHT FÜR: Heilung, Erholung, Freiheit, Anfänge, Entkommen, Abwerfen von Fesseln.

Dieses Mondhaus unterstützt jede Art von Magie, die mit Heilung und Genesung zu tun hat. Außerdem fördert es Zauber zum Thema Entkommen, etwa aus schwierigen Situationen und von allem, was uns im Leben zurückhält. Nutzen wir seine Energien der persönlichen Macht, können wir positive Veränderungen und Neuanfänge herbeiführen.

23. MONDHAUS
Sa'd Bulah (Glücksstern des Schlingenden)

POSITION: 12° 51' 26" Steinbock–25° 42' 51" Steinbock
STEHT FÜR: Scheidung, Trennung, Freiheit, Abnahme, Heilung.

Dieses Mondhaus wird mit Magie zu den Themen Abnahme und Trennung assoziiert. Das kann sich auf eine Scheidung oder das Ende einer Freundschaft beziehen. Vielleicht wird es auch Zeit, eine Lebensphase abzuschließen. Diese Zeit ist günstig, um Zauber und Rituale für Freiheit und Heilung durchzuführen.

24. MONDHAUS
Sa'd al Su'ud (Glücksstern der Glückssterne)

POSITION: 25° 42' 51" Steinbock–8° 34' 17" Wassermann
STEHT FÜR: Glück, Wohlstand, Geld, Finanzen, Zuwachs an Einkommen, neue Projekte, Neuanfänge, Ehe, Liebe.

Dieses Mondhaus konzentriert sich vor allem auf Magie, die unser Einkommen vermehrt und uns Glück und Wohlstand bringt. Steht der Mond in diesem Haus, kann das ein Zeichen für die Geburt eines Babys sein – oder auch einer Idee, darum empfiehlt es sich, Zauber für Neuanfänge und neue Projekte zu wirken. Auch die Themen Liebe und Ehe kann man jetzt gut bearbeiten.

25. MONDHAUS
Sa'd al Akhbiya
(Glücksstern des Verborgenen)

POSITION: 8° 34' 17" Wassermann–21° 25' 43" Wassermann

STEHT FÜR: Ausdehnung, Schutz, Stabilität, Erdung, Wachstum, Nähren.

Dieses Mondhaus wird mit Magie zu den Themen Pflanzen, Wachstum und Ausdehnung assoziiert. Das kann sich auch auf Wachstum im übertragenen Sinn beziehen, etwa in Form von Persönlichkeitsentwicklung. Der Mond in diesem Haus bringt eine günstige Zeit für Schutzzauber und stabilisierende Erdungsrituale.

26. MONDHAUS
Al Fargh al-Awwal
(Der obere Ausguss des Wasserkrugs)

POSITION: 21° 25' 43" Wassermann–4° 17' 09" Fische

STEHT FÜR: Liebe, Zuneigung, Beziehungen, Freunde, Anziehung, Gesundheit, Wohlwollen.

Dieses Mondhaus des Wohlwollens und der Großzügigkeit fördert Magie, die gute Absichten verfolgt, vor allem Zauber zu den Themen Beziehungen, Freundschaft, Liebe und dem Erlangen von Zuneigung. Es verkörpert Romantik und eine höhere, göttlichere Form von Liebe. Diese Zeit ist auch günstig für Magie rund um die Gesundheit, die Genesung von Erkrankungen und generell für alle Arten von Heilung.

27. MONDHAUS
Al-Fargh al-Thani
(Der untere Ausguss des Wasserkrugs)

POSITION: 4° 17' 09" Fische–17° 8' 34" Fische

STEHT FÜR: Geschäfte, Handel, Einkommenszuwachs, Heilung, hellsichtige Fähigkeiten.

Dieses Mondhaus verstärkt Magie, die das Einkommen vermehren und Gewinn aus Handel und Geschäften erzielen soll. Es wird auch mit Hellsichtigkeit assoziiert und fördert Zauber, die uns mit unseren Fähigkeiten verbinden oder der Weissagung dienen. Diese Zeit ist günstig, um Heilzauber und -rituale durchzuführen.

28. MONDHAUS
Batn al-Hut
(Der Bauch des Fisches)

POSITION: 17° 8' 34" Fische–0° Widder

STEHT FÜR: Fertigstellung, Ende, Zusammenkommen, Zusammenhalt, Führung, Erreichen von Zielen, Freude, Erkennen von Potenzial.

Das letzte Mondhaus hat eine starke Verbindung zum Thema Fertigstellung. Magie, die mit Abschlüssen oder Vollendung zu tun hat, etwa, um Projekte fertigzustellen oder Ziele zu erreichen, wird in dieser Phase besonders unterstützt. Nun ist auch eine günstige Zeit, um die Früchte unserer Mühen zu ernten. Wirken Sie nun Zauber, die Sie näher an Ihre Ziele bringen oder Ihr volles Potenzial erschließen.

9

ASTROLOGISCHE SELBSTFÜRSORGE

Selbstfürsorge kann bei jedem Menschen ein wenig anders aussehen. Manche verstehen darunter, sich ein heißes, entspannendes Bad zu gönnen. Für andere ist es die Zeit, die sie für Meditation oder einfach für sich selbst haben.

Gerade in stressigen Phasen ist es wichtig, dass wir uns selbst etwas Gutes tun, um unser körperliches, mentales und emotionales Wohlbefinden zu steigern. Vielleicht müssen Sie aber erst herausfinden, was Sie brauchen. Die Astrologie hilft Ihnen dabei, sich selbst und Ihre Bedürfnisse besser zu verstehen, um zu wissen, welche Art der Selbstfürsorge Ihnen wirklich guttut. Ihr Sonnenzeichen, Ihr Mondzeichen und Ihr Aszendent drücken aus, wer Sie sind – Ihre Persönlichkeit und Ihre grundlegenden Wesenszüge. Wenn Sie Ihre Selbstfürsorge auf diese Zeichen ausrichten, können Sie die Wirkung dieser Wohlfühlrituale verstärken und den größten Nutzen daraus ziehen.

In diesem Kapitel sind die Tierkreiszeichen nach ihren Elementen geordnet, da die Zeichen jedes Elements einige Ähnlichkeiten aufweisen und ihnen daher auch ähnliche Rituale und Praktiken guttun. Zu jedem Element finden Sie auch ein Tarot-Legemuster, das Ihnen Einblicke über sich selbst gibt und Ihnen verrät, welche Lebensbereiche Ihre Aufmerksamkeit benötigen. Selbstfürsorge kann auch aus vielen kleinen Gesten bestehen. Zusammengenommen fördern sie Ihre körperliche, emotionale und geistige Gesundheit.

Sollten sich die Rituale, die Ihrem Element oder Sonnenzeichen zugeordnet sind, für Sie nicht stimmig anfühlen, ist vielleicht unter den Praktiken für die anderen Elemente etwas dabei, was Sie anspricht. Wir alle haben unterschiedliche Bedürfnisse, die sich mit der Zeit ändern können, darum sollten Sie einfach auf Ihre Intuition hören und nach Gefühl entscheiden, welche Form der Selbstfürsorge für Sie momentan die Richtige ist.

ERDE

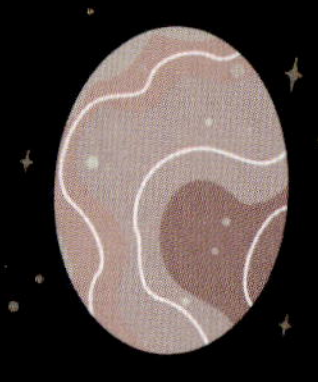

STIER

Stiere sind für die Selbstfürsorge wie gemacht. Als Erdzeichen beziehen sie ihre Energie aus ihrer Verbindung zur Natur und genießen die angenehmen Seiten des Lebens und alles, was die Sinne anregt.

Der Duft von ätherischen Ölen spricht diese sinnliche Seite des Stieres an. Wählen Sie Öle, die zu Ihren Bedürfnissen passen (etwa Lavendel bei Stress), oder stellen Sie eine Stier-Mischung zusammen: Nehmen Sie zu gleichen Teilen Patschuli, Zeder und Bergamotte. Gleichzeitig können Sie auch andere Sinne aktivieren, indem Sie Ihre Lieblingsmusik hören und bequeme Kleidung tragen. Wenn Sie keine Duftlampe und Öle haben, können Sie auch eine Duftkerze oder Räucherstäbchen anzünden.

Dem Stier kann es guttun, sich um eine Zimmerpflanze zu kümmern. Die Pflege der Blätter, das Gießen der Pflanze und das Beobachten, wie sie wächst und gedeiht, ist eine beruhigende und erfüllende Tätigkeit.

Da der Stier über Hals und Nacken herrscht, empfiehlt sich die Arbeit am Halschakra, da es mit Kommunikation und Selbstausdruck verbunden ist. Entspannende Dehnübungen können dabei helfen. Tragen Sie einen blauen Edelstein bei sich, etwa einen Aquamarin, Lapislazuli oder Coelestin, um Ihr Halschakra wieder auszugleichen.

Stiere empfinden Routine und Strukturen oft als beruhigend. Bauen Sie daher feste Zeiten für die Selbstfürsorge in Ihren Tages- oder Wochenplan ein. Bereits das Einhalten dieser „Termine" ist eine Form von Selbstfürsorge.

JUNGFRAU

Für die Jungfrau ist Selbstfürsorge äußerst wichtig, da dieses Sternzeichen zum Grübeln neigt und sich oft Sorgen macht. Aktivitäten, die ihr guttun, können diese Gedanken in eine konstruktive Richtung lenken. Gärtnern als Hobby passt zum Beispiel gut zu diesem Erdzeichen. Die Verbindung zur Natur und zur Erde wirkt verankernd und kann der Jungfrau zu mehr Stabilität und innerem Gleichgewicht verhelfen. Außerdem kann es ein Erfolgserlebnis sein. Auch Meditation und Achtsamkeit beruhigen das überaktive Gehirn der Jungfrau. Hilfreiche Steine sind Rosenquarz, blauer Streifenchalzedon, Amethyst und Selenit. Tragen Sie diese bei sich oder legen Sie sie nachts neben Ihr Bett.

Dieses Sternzeichen steht für Arbeit und Fleiß. Jungfrauen fühlen sich gut, wenn sie eine Aufgabe erledigen. Erstellen Sie für jeden Tag eine Liste mit allen Aufgaben, die Sie schaffen wollen (und die auch ohne Stress zu schaffen sind), und freuen Sie sich, wenn Sie jede abhaken können.

Jungfrauen brauchen Ordnung und Sauberkeit in ihrem Umfeld, um ein Gefühl von Stabilität und Sicherheit zu spüren. Aufräumen und Saubermachen kann für sie ein Akt der Selbstfürsorge sein – vom raschen Staubsaugen oder Abstauben bis hin zum Entrümpeln und Ausmisten der Garderobe. Spenden Sie anschließend die Kleidung, die Sie nicht mehr tragen, und machen Sie auf diese Weise anderen eine Freude.

Der Herrscherplanet Merkur verleiht der Jungfrau eine intellektuelle Tendenz. Lernen ist Selbstfürsorge für sie. Lesen Sie ein interessantes Buch oder recherchieren Sie ein neues Thema.

STEINBOCK

Der Steinbock ist ein Workaholic. Sein Ehrgeiz treibt ihn oft ins Burnout, darum ist Selbstfürsorge für ihn ganz besonders wichtig. Edelsteine wie Rauchquarz, Zitrin und Karneol können ihm den benötigten Energieschub geben. Guter Schlaf ist ebenfalls unerlässlich. Fördern Sie ihn, indem Sie etwa eine regelmäßige Bettzeit einhalten, ein entspannendes Bad am Abend nehmen oder ein Buch lesen, statt auf einen Bildschirm zu schauen.

Wie auch die anderen Erdzeichen sind die Steinböcke sehr wissbegierig und möchten ständig etwas Neues dazulernen. Yoga eignet sich gut als Form von Selbstfürsorge für den Steinbock, denn es hilft nicht nur, Ängste zu lösen, sondern beinhaltet viele verschiedene Positionen, die man lernen und perfektionieren kann.

Der Ehrgeiz des Steinbocks kennt keine Grenzen. Das kann aber auch bedeuten, dass Sie auf dem Weg zu Ihren Zielen die kleinen Freuden im Leben übersehen. Machen Sie einen Spaziergang in der Natur. Das wirkt entspannend und erinnert Sie daran, wie schön etwa der Wechsel der Jahreszeiten oder ein Sonnenuntergang sind. Der ambitionierte Steinbock vergisst auch oft, sich für seine geringeren Erfolge zu belohnen. Haben Sie die Küche geputzt, gönnen Sie sich doch vielleicht einen Kaffee außer Haus. Haben Sie alle Besorgungen erledigt, schauen Sie eine Episode Ihrer Lieblingsserie oder einen tollen Film an. Nicht nur die großen Erfolge verdienen es, belohnt zu werden.

LUFT

ZWILLINGE

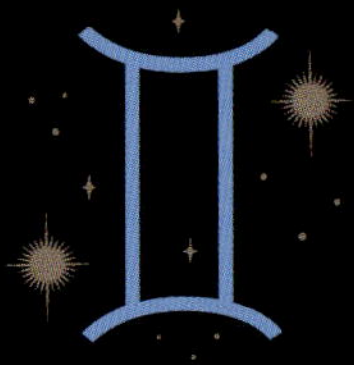

Wie alle Luftzeichen sind auch die Zwillinge sehr intellektuell und lieben es, ihr Wissen in allen Bereichen zu erweitern. Es gibt kein Thema, das sie nicht interessiert, und jede Information ist für sie wertvoll. Das Forschen und Recherchieren ist für die Zwillinge genauso erfüllend wie das Erweitern ihres Horizonts. Als passende Form der Selbstfürsorge könnten Sie etwa jeden Tag etwas Lesezeit einplanen, um sich in ein neues Buch zu vertiefen.

Zwillinge sind immer auf Achse und lieben Bewegung, darum kann ihnen ein entspannender Spaziergang allein sehr guttun. Beim Gehen können die Gedanken frei und ohne Ablenkung fließen. Auch Fitnessprogramme wie Spinning oder Zumba sind ideal, um Dampf abzulassen. Zwillingen fällt es oft schwer, sich zu konzentrieren. Ein abwechslungsreiches Sportprogramm sorgt dafür, dass ihnen nicht langweilig wird und sie das Maximum aus sich herausholen.

Dank ihres Herrscherplaneten Merkur sind Zwillinge für gewöhnlich gesellig und gesprächig. Zeit mit Freunden empfinden sie als bereichernd und entspannend. Während manche Sternzeichen die Gesellschaft anderer als anstrengend empfinden, tanken Zwillinge im sozialen Umfeld neue Energie, besonders unter Freunden. Auch lernen sie gern neue Menschen kennen.

Um ihren analytischen, logisch denkenden Verstand herauszufordern und gleichzeitig zu entspannen, greifen Zwillinge gern zu einer Knobelei oder einem Spiel. Das können Kreuzworträtsel, Puzzles oder Computerspiele sein, die ihnen helfen, abzuschalten.

WAAGE

Waagen kümmern sich zuerst um andere, und dann erst um sich selbst. Man muss sie erinnern, dass Selbstfürsorge nicht egoistisch, sondern für unser Wohlbefinden unverzichtbar ist. Nehmen Sie sich regelmäßig Zeit nur für sich und tun Sie etwas, das Ihnen Freude macht. Machen Sie sich selbst manchmal zur obersten Priorität. Das allein ist schon ein bedeutender Akt der Selbstfürsorge.

Für Waagen ist es wichtig, genug Zeit für sich allein zu haben, um die eigenen Gedanken und die Ereignisse in ihrem Leben in Ruhe zu verarbeiten. Konfrontationen aller Art empfinden sie als besonders belastend.

Waagen haben oft ein sprachliches Talent und finden im Schreiben ein nützliches Ventil, um ihren Gefühlen Luft zu machen. Alle Gedanken zu Papier zu bringen kann Ihnen eine neue Perspektive auf sie geben. In einem Tagebuch, das nur Sie lesen dürfen, können Sie sich emotional öffnen, um sich selbst besser zu verstehen.

Manachmal hilft einer Waage auch ein offenes Gespräch mit einem Freund oder einem Therapeuten, dem sie vertraut. Dieses Tierkreiszeichen ist die Verkörperung des Gleichgewichts. Um die eigene Balance wiederherzustellen, können Sie tagsüber einen passenden Edelstein bei sich tragen – zum Beispiel einen Zitrin, Ametrin, Rosenquarz, Bergkristall oder Lapislazuli. Entschlackende Tees, etwa aus Löwenzahn, Nessel und Rotklee, bringen unterstützend auch das körperliche Wohlbefinden der Waage wieder ins Lot, denn dieses Sternzeichen wird mit der Niere, dem unteren Rücken und dem endokrinen System in Verbindung gebracht.

WASSERMANN

Wassermänner sind hervorragende Problemlöser, aber da sie immer die Probleme anderer lösen wollen, treiben sie sich manchmal selbst in die Erschöpfung. Ihr Gehirn braucht regelmäßig eine Auszeit vom Alltagsstress und findet Entspannung in Rätseln und Spielen als Form der Selbstfürsorge. Darin können die Wassermänner lösungsorientiert denken und sich auf das Hier und Jetzt konzentrieren, sodass der Denksport zur Achtsamkeitsübung wird.

Wassermänner setzen sich für soziale Gerechtigkeit ein, was sie aber auslaugen kann. Zeit für sich selbst muss also unbedingt sein, um die Energiereserven wieder aufzufüllen. Sie sind für gewöhnlich sehr technikbegeistert, aber das ständige Beschäftigen mit Problemen im Internet, im Fernsehen und in den sozialen Medien kann sich zu einem Stressfaktor entwickeln. Dann hilft eine Auszeit von der Welt, vor allem der virtuellen, um die ganzen Gedanken und Eindrücke zu verarbeiten. Auch Yoga entlastet das Gehirn des Wassermanns und ist ein guter Ausgleich für den Körper. Tragen Sie einen entspannungsfördernden Edelstein bei sich, etwa einen Amethyst, Coelestin, blauen Streifenchalzedon oder Fluorit.

Als Luftzeichen liebt der Wassermann die intellektuelle Stimulation. Um etwas Gutes für sich zu tun, lesen Sie beispielsweise ein Buch zu einem Thema, über das Sie kaum etwas wissen, oder aus einem Genre, das Ihnen noch nicht vertraut ist. Auf diese Weise geben Sie Ihrem Wassermann-Verstand die anregende Gelegenheit, etwas anderes als sonst zu lesen und dabei auch noch neues Wissen zu erlangen.

FEUER

WIDDER

Dem Widder fällt es oft schwer, bei der Sache zu bleiben. Darum hilft es ihm, seine Ziele und die Pläne, sie zu erreichen, niederzuschreiben. Er neigt dazu, viele verschiedene Projekte anzufangen, schließt aber nur selten eines ab. Eine Liste, auf der all Ihre Ziele stehen, erleichtert es Ihnen, zu entscheiden, welche Ihnen wirklich wichtig sind und für welche Sie eigentlich keine Energie haben. Konzentrieren Sie sich dann voll und ganz auf die Projekte, die Ihnen am Herzen liegen.

Wie alle Feuerzeichen stecken auch die Widder voller Energie, die Sie am besten in eine nützliche Richtung lenken, etwa in einen schweißtreibenden Sport, als passende Form der Selbstfürsorge. Gehen Sie hinaus in die Natur und laufen Sie oder fahren Sie mit dem Rad. Sie können auch im Fitnessstudio trainieren, einen Spinning-Kurs machen oder Ihren Überschuss an Energie anderweitig abreagieren.

Widder führen meist ein aktives Leben. Als Ausgleich hilft ihnen alles, was sie entschleunigt. Ätherische Öle, die in einer Duftlampe verdampft werden, wirken beruhigend – zum Beispiel Lavendel, Patschuli, Zedernholz und Kamille. Oder stellen Sie sich eine Wiedergabeliste mit Musik zusammen und hören Sie sie immer, wenn Sie entspannen wollen, vor allem abends vor dem Zubettgehen. Besonders für den geschäftigen Widder ist eine gesunde Schlafhygiene äußerst wichtig, um am Abend zur Ruhe zu kommen. Machen Sie Yoga- oder Pilatesübungen oder trinken Sie eine Tasse Tee – etwa eine Mischung aus Kamille, Lavendel und Passionsblume.

LÖWE

Der Löwe liebt den Wettbewerb. Zur Selbstfürsorge eignen sich daher Aktivitäten, die ihn herausfordern und auspowern. Ein Wettkampfsport wie Fußball, Tennis oder Basketball ist ideal für dieses Sternzeichen. Sagt Ihnen das nicht zu, können Sie zum Beispiel aber auch mit einer gleichgesinnten Person zum Spaß um die Wette joggen oder im Fitnessstudio immer wieder die eigene Bestleistung übertreffen.

Löwen sind sehr kreativ. Ihre schöpferische Kraft zu entfesseln ist eine perfekte Form der Selbstfürsorge. Probieren Sie etwas Neues aus, vielleicht Malen oder Sticken – auf jeden Fall etwas, das Ihnen hilft, Ihre Gefühle künstlerisch darzustellen. Spricht Sie das nicht an, probieren Sie es doch einmal mit einem Malbuch für Erwachsene. Auf diese Weise können Sie entspannen und gleichzeitig kreativ sein.

Löwen sind in der Regel perfektionistisch veranlagt und setzen sich oft selbst unter Druck, alles richtig zu machen. Wenn sie dann ihre eigenen hohen Ansprüche nicht erfüllen, versinken sie in Selbstkritik. Meditation kann den Löwen helfen, den Kopf von stressigen Gedanken freizumachen. Auch Atemübungen können beruhigend wirken und für den Löwen eine Form der Selbstfürsorge sein.

Löwen sind Morgenmenschen. Mit einem Sonnengruß aus dem Yoga können Sie jeden Tag nach dem Aufwachen Ihren Energiefluss ankurbeln. Dieses Sternzeichen wird mit der Wirbelsäule und dem unteren Rücken assoziiert, darum sind alle Arten von Dehnübungen doppelt hilfreich, um Verspannungen zu lösen.

SCHÜTZE

Schützen reisen gern und lieben es, neue Orte zu entdecken. Auch wenn Sie nicht reich sind, können Sie diese Form der Selbstfürsorge praktizieren. Besuchen Sie interessante Plätze in der Nähe Ihres Wohnorts oder machen Sie Tagesausflüge. Man muss nicht in die Ferne reisen, um Abenteuer zu erleben.

Eigentlich gibt es in allen Lebensbereichen viele Möglichkeiten, etwas Neues zu entdecken oder Abwechslung in den gewohnten Tagesablauf zu bringen. Suchen Sie sich ein neues Hobby, machen Sie einen Kochkurs oder lernen Sie eine Fremdsprache. Jede neue Unternehmung erfüllt den Schützen mit Energie. Auch Bewegung tut diesem aktiven Feuerzeichen gut, vor allem, wenn sie abwechslungsreich ist. Versuchen Sie sich an einer neuen Sportart oder wagen Sie etwas, das für Sie untypisch ist. Jede Art von Bewegung, die von Ihrer normalen Routine abweicht, ist geeignet.

Der Schütze wird mit den Hüften, den Oberschenkeln und den Pobacken assoziiert, darum empfiehlt es sich, diese Bereiche ganz besonders zu aktivieren. Hüftöffner-Übungen aus dem Yoga stimulieren das Sakralchakra im unteren Rücken, sodass die Energie wieder ungehindert fließen kann. Positionen wie Halbmond, Eidechse, Schmetterling oder Taube helfen Ihnen, auch Ihre Gefühle ins Fließen zu bringen. Tragen Sie einen Edelstein am Körper. Karneol, Tigerauge, Zitrin, Orangenkalzit oder Sonnenstein unterstützen den Schützen mit ihrer ausgleichenden Energie.

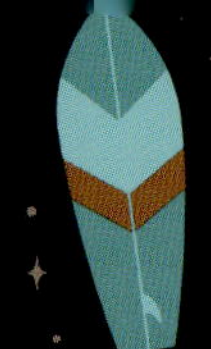

WASSER

KREBS

Krebse sind von Natur aus einfühlsam und nehmen die Energien anderer auf, was mit der Zeit aber auslaugt. Um diese überschüssigen Energien wieder loszuwerden, brauchen die Krebse auch Zeit für sich, damit sie ihre eigenen Reserven wieder aufladen können. Mit leerem Tank kann man schließlich nicht für andere funktionieren. Die Familie ist für Krebse sehr wichtig, aber sie müssen auch manchmal allein sein, um ungestört entspannen zu können.

Da der Krebs ein Wasserzeichen ist, liebt er die beruhigende Nähe eines Gewässers. Ein Spaziergang am Meer, an einem Fluss oder einem See gibt ihm inneren Frieden. Auch Schwimmen ist eine passende Form der Selbstfürsorge für den Krebs, da er im Wasser die Energien anderer Menschen loslassen kann, sodass der Stresspegel wieder sinkt. Ähnlich wirksam ist ein warmes Bad, das extra entspannend wird, wenn man Bittersalz, Rosenblütenblätter, Melisse und ein paar Tropfen Eukalyptus- und Pfefferminzöl ins Wasser gibt. Nehmen Sie so ein Bad bei Vollmond und spüren sie die regenerierenden, beruhigenden Energien des Mondes. Testen Sie alle Badezusätze immer auf der Haut, falls Sie zu Hautirritationen und Allergien neigen (siehe Seite 142).

Die Krebse sind die Stubenhocker des Tierkreises und ihr Zuhause ist für sie äußerst wichtig. In den eigenen vier Wänden etwas zu verbessern – zum Beispiel durch Heimwerken, Aufräumen, Putzen oder Räuchern – ist für sie eine Form der Selbstfürsorge. Der Krebs braucht ein behagliches Zuhause, das ihm als Zufluchtsort vor dem Rest der Welt dienen kann.

SKORPION

Skorpione sind für gewöhnlich sehr emotional. Alles, was ihre Gedanken beruhigt, tut ihnen gut. In ihrem aktiven, hektischen Leben fällt es ihnen nämlich oft schwer, abzuschalten. Auch im Sport powern sie sich gern richtig aus. High-Intensity- oder Intervalltraining, Krafttraining oder Kickboxen sind für den Skorpion eine ideale Form der Selbstfürsorge. Die körperliche Anstrengung hilft ihm, überschüssige Energie abzubauen, und ist gleichzeitig eine anregende Herausforderung.

Skorpione lieben die Nähe des Wassers, darum sind auch Sportarten wie Kajak- oder Kanufahren, Surfen oder Wasseraerobic eine gute Wahl.

Um auch für das emotionale und mentale Wohlbefinden zu sorgen, kann der verschlossene Skorpion seine Gefühle einem Tagebuch anvertrauen und sich auf diese Weise mit ihnen auseinandersetzen. Als Edelsteine, die Sie bei sich oder als Schmuck tragen können, empfehlen sich Obsidian, Tigerauge, Mondstein, Karneol oder Achat. Sie wirken erdend, damit der Skorpion nicht von seinen Emotionen überwältigt wird. Auch Meditation, Yoga oder Atemübungen helfen ihm, sich wieder fest verankert zu fühlen.

Dieses Sternzeichen steht für Tod und Wiedergeburt. Kein Wunder, dass Skorpione sich zum Unsichtbaren und Unbekannten hingezogen fühlen. Für sie ist das Lesen esoterischer Bücher, um die Mysterien des Lebens zu ergründen, eine hervorragende Form der Selbstfürsorge. Überhaupt ist das Lesen ein entspannendes Hobby für den Skorpion, bei dem er noch dazu etwas Neues lernen und seinen Horizont erweitern kann.

FISCHE

Fische sind von Natur aus freundlich und großzügig. Das wird leider manchmal ausgenutzt. Umso wichtiger ist Selbstfürsorge für das Wohlbefinden der Fische, die das sanfteste der Wasserzeichen darstellen. Sie bevorzugen entspannende Arten der Bewegung, wie etwa Spazierengehen, Yoga, Pilates oder Tai-Chi, aber auch belebende Aktivitäten, zum Beispiel Schwimmen, helfen den Fischen, ihre Energiereserven wieder aufzuladen.

Fische sind sehr kreativ und profitieren vom schöpferischen Selbstausdruck. Zeigen Sie, was in Ihnen steckt, indem Sie zeichnen, malen, häkeln, nähen, schnitzen oder sich anderweitig künstlerisch betätigen, um Ihre Fantasie zu nutzen.

Fische ist das hellsichtigste aller Sternzeichen, darum kann es Ihnen guttun, diese Seite Ihrer Persönlichkeit zu erkunden. Praktizieren Sie irgendeine Form der Wahrsagung, um sich mit diesem Talent zu verbinden. Falls Sie das schon tun, probieren Sie eine andere Variante aus. Sie können auch einen Amethyst, Lapislazuli oder Sodalith auf Ihr Drittes Auge (auf Ihre Stirn) legen, um dieses Chakra zu öffnen und Ihre hellsichtigen Fähigkeiten zu aktivieren.

Fische werden mit den Füßen assoziiert. Schenken Sie diesem Körperbereich Ihre Aufmerksamkeit, etwa durch eine Reflexzonenmassage oder eine Pediküre. Diese Form der Selbstfürsorge ist für die Fische sehr angenehm. Machen Sie ein 15-20-minütiges Fußbad in warmem Wasser, in das Sie etwas Bittersalz und jeweils fünf Tropfen ätherisches Lavendel-, Zedern- und Pfefferminzöl pro Liter Wasser geben. Das belebt müde Füße und wirkt entspannend. (Testen Sie die Zutaten vor der Verwendung immer auf Hautverträglichkeit – siehe Seite 142).

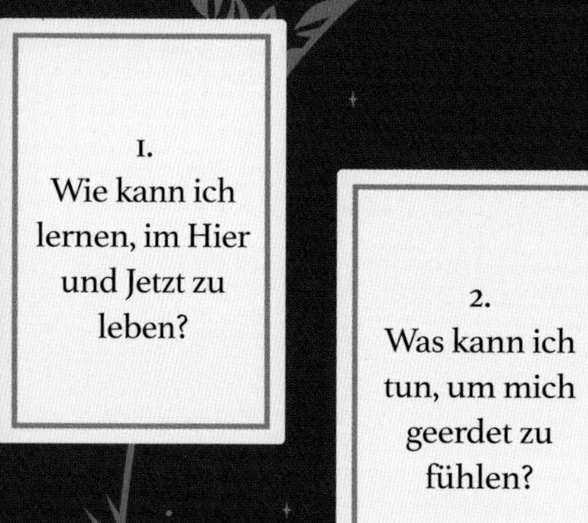
1.
Wie kann ich lernen, im Hier und Jetzt zu leben?
2.
Was kann ich tun, um mich geerdet zu fühlen?
3.
Wie kann ich mehr Stabilität in mein Leben bringen?
4.
Wo stecke ich zu viel Arbeit hinein?
5.
Wie kann ich Beruf und Privatleben besser ausgleichen?
6.
Wie kann ich die kleinen Freuden im Leben mehr schätzen?
7.
Wofür sollte ich mir heute Zeit nehmen?

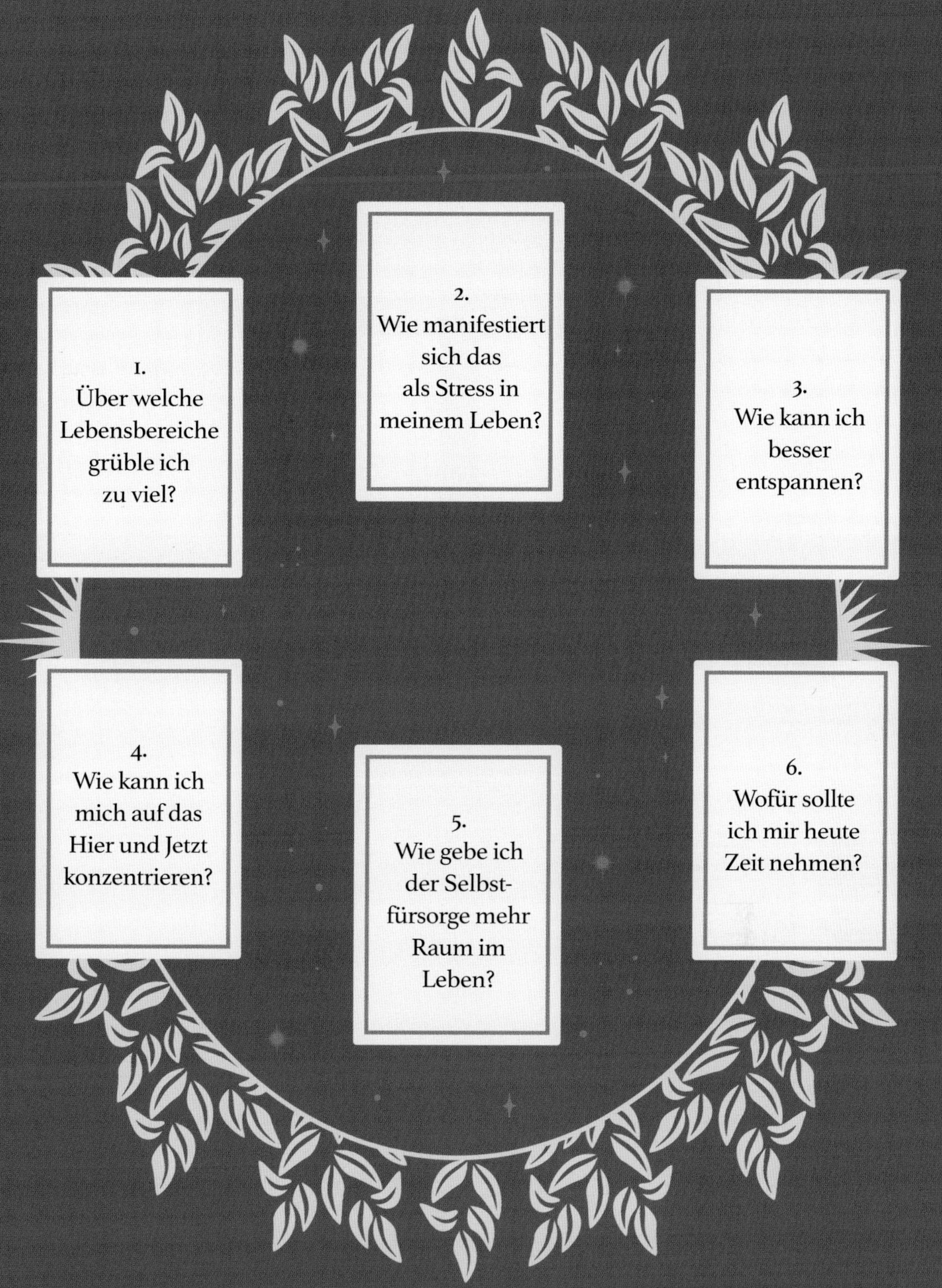
1.
Über welche Lebensbereiche grüble ich zu viel?
2.
Wie manifestiert sich das als Stress in meinem Leben?
3.
Wie kann ich besser entspannen?
4.
Wie kann ich mich auf das Hier und Jetzt konzentrieren?
5.
Wie gebe ich der Selbst-fürsorge mehr Raum im Leben?
6.
Wofür sollte ich mir heute Zeit nehmen?

1.
In welchen
Lebensbereichen
arbeite ich
zu viel?
2.
Wie kann ich
mein Leben
entschleunigen?
3.
Wie kann ich
mich besser um
mich selbst
kümmern?
4.
Welche meiner
Interessen kann
ich als
Selbstfürsorge
nutzen?
5.
Wie kann mir
meine
Kreativität
helfen, zu
entspannen?
6.
Welche neuen
Aufgaben
könnten zu
Wachstum
führen?
TAROT-
LEGEMUSTER FÜR
FEUERZEICHEN

TAROT-
LEGEMUSTER FÜR
WASSERZEICHEN
1.
In welchen Lebens-bereichen muss ich gelassener werden?
2.
Wie kann ich meine Kreativität als Selbst-fürsorge nutzen?
3.
Wo trage ich die Gefühle anderer mit mir?
4.
Wie wirkt sich das auf mich aus?
5.
Wie kann ich diese Gefühle loslassen?
6.
Wie kann ich vernünftige Grenzen setzen?
7.
Wie kann ich das, was ist, leichter akzeptieren?

Schlusswort

Die Astrologie kann uns faszinierende Einblicke in unsere Persönlichkeit geben. Sie kann uns auf körperlicher, mentaler und seelischer Ebene bereichern. Die Deutung des Geburtshoroskops offenbart uns unsere innere und äußere Welt, sodass wir besser verstehen, warum wir so sind, wie wir sind. Auf diese Weise lernen wir unser ureigenes Wesen kennen.

Auf den ersten Blick wirkt die Astrologie vielleicht wie kompliziertes Kauderwelsch, das nur Eingeweihte verstehen. Ich hoffe, dass ich Ihnen mit diesem Buch einige astrologische Grundlagen vermitteln konnte,und ich würde mich freuen, wenn Sie dadurch etwas über die verschiedenen Aspekte Ihres Geburtshoroskops gelernt haben und eine Bedeutung für Ihr persönliches Leben daraus ziehen können.

Online Geburtshoroskop-Rechner

1. www.astroconnect.de/BerechnungEingabe.aspx
2. www.astro.com/horoskop
3. astrologie.zukunftsblick.de
4. sodiac.de/horoskop-berechnen/

Literatur

ASTROLOGIE ALLGEMEIN

Louise Edington, Dein Astrologie-Guide: Verstehe, wer du bist: Alles, was du über dein Sternzeichen, deine Planetenkonstellation und dein Geburtshoroskop wissen musst.

Julia und Derek Parker, Parkers Astrologie: Alles über die Grundlagen, Tierkreiszeichen und Planeten. Das Standardwerk.

Jan Spiller, Astrologie und Seele: Die Mondknoten als Schlüssel zur Persönlichkeitsentfaltung.

DIE PLANETEN

Ellynor Barz, Götter und Planeten: Grundlagen archetypischer Astrologie.

Steven Forrest, Der äußere Himmel: Die Bedeutung von Transiten und Progressionen.

Claire Gallagher und Caitlin Keegan, Body-Astrologie: Dein Sternzeichen zeigt dir, was deinen Körper gesund macht.

Robert Hand, Planeten im Composit: Astrologie der Beziehungen.

DER TIERKREIS

Linda R. Moon, Sun, Moon, und Risings Signs: A Complete Beginners Guide to the "Divine Trio" of Astrology

Luna Sidana, Astrology: The 12 Zodiac Signs

Mari Silva, Moon Signs

Mari Silva, Sun Signs

Marion Williamson, The Little Book of the Zodiac

WESTLICHE ASTROLOGIE

Kenneth Bowser, An Introduction to Western Sidereal Astrology

Nicholas Campion, The History of Western Astrology

Demetra George, Astrology und the Authentic Self

Ashish Gujra, Verdic und Western Astrology: An Integrated Framework

J. Lee Lehman (translated), Astrology for Initiates: Astrological Secrets of the Western Mystery Tradition

STICHWORTVERZEICHNIS

Danksagung

Ich möchte mich bei allen bedanken, die mich auf dieser unglaublichen Reise begleitet und unterstützt haben. Danke, dass ihr an mich und meine Fähigkeiten geglaubt habt. Ich kann meine Dankbarkeit gar nicht in Worte fassen. Ohne euch hätte ich dieses Buch nie schreiben können, denn nur wegen euch habe auch ich an mich geglaubt. Dank euch habe ich mehr erreicht, als ich es je zu träumen gewagt hätte.

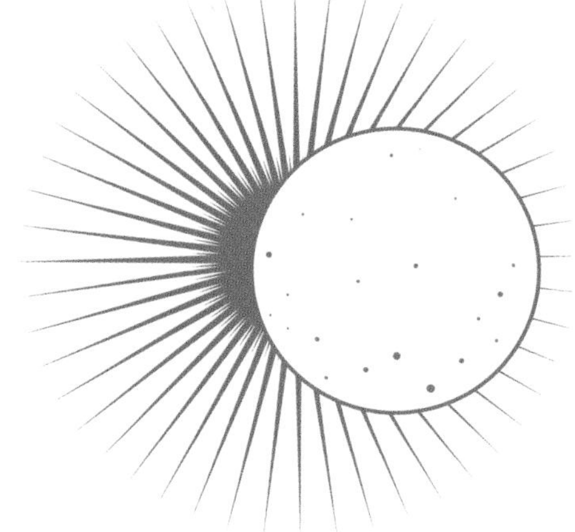